O SUMIÇO DA MONA LISA

NICHOLAS DAY

ILUSTRAÇÕES DE **BRETT HELQUIST**

O SUMIÇO DA MONA LISA

UM PINTOR LENDÁRIO, UM ROUBO CHOCANTE E O NASCIMENTO DE UMA CELEBRIDADE MUNDIAL

Tradução de
Pedro Pedalini

Rocco

Título original
THE MONA LISA VANISHES
A Legendary Painter, a Shocking Heist, and the Birth of a Global Celebrity

Direitos para a língua portuguesa reservados
com exclusividade para o Brasil à
EDITORA ROCCO LTDA.
Rua Evaristo da Veiga, 65 – 11º andar
Passeio Corporate – Torre 1
20031-040 – Rio de Janeiro – RJ
Tel.: (21) 3525-2000 – Fax: (21) 3525-2001
rocco@rocco.com.br
www.rocco.com.br

Printed in Brazil/Impresso no Brasil

Preparação de originais
JOÃO RODRIGUES

CIP-BRASIL. CATALOGAÇÃO NA PUBLICAÇÃO
SINDICATO NACIONAL DOS EDITORES DE LIVROS, RJ

D315s

Day, Nicholas
O sumiço da Mona Lisa : um pintor lendário, um roubo chocante e o nascimento de uma celebridade mundial / Nicholas Day ; ilustração Brett Helquist ; tradução Pedro Pedalini. - 1. ed. - Rio de Janeiro : Rocco, 2024.

Tradução de: The Mona Lisa vanishes : a legendary painter, a shocking heist, and the birth of a global celebrity
ISBN 978-65-5532-463-1
ISBN 978-65-5595-285-8 (recurso eletrônico)

1. Leonardo, da Vinci, 1452-1519. Mona Lisa. 2. Roubo de objetos de arte - França - História. I. Helquist, Brett. II. Pedalini, Pedro. III. Título.

CDD: 364.162870944
24-92266 CDU: 343.712:75.06(44)"1911"

Meri Gleice Rodrigues de Souza - Bibliotecária - CRB-7/6439

O texto deste livro obedece às normas do
Acordo Ortográfico da Língua Portuguesa.

PARA ISAIAH

— Nicholas Day

PARA FRANCES E HENRY

— Brett Helquist

SUMÁRIO

NASCE UMA ESTRELA

A criação da *Mona Lisa* 13

O roubo da *Mona Lisa* 15

A fama absurda da *Mona Lisa* 26

ELA SUMIU

Segunda-feira de manhã 31

O brigadeiro Paupardin tem um dia muito ruim 33

Poderia ter sido pior 41

Louis Lépine está à frente do caso 42

A pequeníssima vitória de Louis Béroud 45

Inacreditável 46

DIGA-ME, DIGA-ME, DIGA-ME

Vinci, 15 de abril de 1452 55

Florença, 1466 58

Florença, 1479 65

A *MONA LISA* NÃO ESTÁ EM LUGAR ALGUM, A *MONA LISA* ESTÁ EM TODOS OS LUGARES

Algumas teorias muito sensatas 71

O Louvre é uma cena de crime 74

O homem do nome errado 80

É preciso um ladrão para pegar um ladrão 87

Um avanço no caso 92

TUDO QUE É POSSÍVEL FAZER

Florença, 1481 99

Milão, 1493 106

O PROFISSIONAL CONSUMADO

O Louvre reabre 115

O ladrão engenhoso 119

É BOM QUE CASE

Florença, 1494 127

FIGURAS GIGANTES EM FORMA HUMANA

O americano rico 135

Dr. No (parte 1) 139

Quer comprá-la? 144

UMA SÉRIE IMPROVÁVEL DE EVENTOS IMPROVÁVEIS

Florença, 1495 151

Florença, 1500 155

Por que esta pintura? 158

UMA DUPLA DE CARAS LOUCOS E DIVERTIDOS

Uma estatueta roubada do Louvre 165

O estimado Wilhelm Albert Włodzimierz Apolinary Kostrowicki 170

Duas estátuas e um revólver 175

Dr. No (parte 2) 181

O inimigo interno 187

O homem que roubou a *Mona Lisa* 191

UMA MULHER PERIGOSA

Roma, 1513 195

França, 1516 199

Paris, 1850 203

MEU NOME É LEONARD

Não há motivos para ter esperanças 209

Leonard 211

Um chapéu amassado, um bandolim 214

Um pintor de casas **219**

Nenhuma palavra dita senão *Gioconda* **226**

Um erro nobre **230**

O marquês **236**

A VIDA APÓS A MORTE

Últimas palavras **245**

A sopa **249**

EPÍLOGO 251

AGRADECIMENTOS 255

FONTES 257

NASCE UMA ESTRELA

NO QUAL A *MONA LISA* É PINTADA, ROUBADA E SE TORNA UMA VERDADEIRA LENDA

A CRIAÇÃO DA *MONA LISA*

IMAGINE UM PALAZZO (UM MAGNÍFICO EDIFÍCIO RENASCENTISTA).

Estamos em Florença, 1503. Há muitos palazzos por aqui. Escolha um dos bons.

Agora, imagine um homem bonito, encantador e gentil. Faça dele um pintor.

Imagine uma mulher intrigante, anônima e linda. Faça dela uma modelo.

Você os vê?

Nenhum dos dois deveria estar lá.

O homem nem sequer deveria ser pintor. Nascido em uma longa linhagem de tabeliães (uma versão mais primitiva de advogado), era para ele ter seguido o negócio da família. A profissão de tabelião talvez fosse a mais tediosa da Itália renascentista, mas era estável.

Em vez disso, ele projetava máquinas voadoras. Dissecava cadáveres. Inflava bexigas de porco e as lançava pela sala. Era um homem extraordinário, engenhoso e maravilhosamente excêntrico.

Esse era Leonardo da Vinci. E ele também pintava um pouco.

Mas o homem não tinha motivo algum para pintar o retrato de uma mulher florentina comum.

A mulher não deveria estar posando para ele. Não deveria estar em um cômodo com homem algum. Ela deveria estar escondida em algum convento, a casa de uma ordem religiosa católica.

A família dela não tinha dinheiro suficiente para o dote, o valor de que qualquer moça em Florença precisava para se casar. E meninas sem dote iam para conventos, onde ficavam isoladas do mundo. Mas, de alguma maneira, um casamento foi arranjado e ela prosperou. Teve filhos e dinheiro, o suficiente para encomendar um quadro.

Graças a esse quadro, ela se tornou o rosto mais conhecido do mundo.

Não sabemos quanto tempo a mulher posou para Leonardo. Não sabemos se eles um dia se encontraram novamente.

No entanto, sabemos que a mulher que olha pelo quadro, Lisa Gherardini, vai observar enquanto a cidade a seu redor é invadida e saqueada. Será brutal. Após a morte de seu marido, ela enfim entrará para um convento.

Sabemos que o homem olhando para o quadro, Leonardo da Vinci, fugirá de Florença. Vai se mudar de uma parte a outra da Itália, um artista brilhante sem um lugar para chamar de lar. Já idoso, vai acabar se encontrando em um país completamente diferente. Quando fizer a viagem pelos Alpes até a França, amarrará este retrato, a *Mona Lisa*, a um burro.

Leonardo morrerá.

Mas o que acontece naquele palazzo vai fazer com que ela se torne eterna. E a mulher viverá através dos séculos.

Vai se tornar imortal. Ela é incapaz de morrer.

No entanto, pode ser sequestrada.

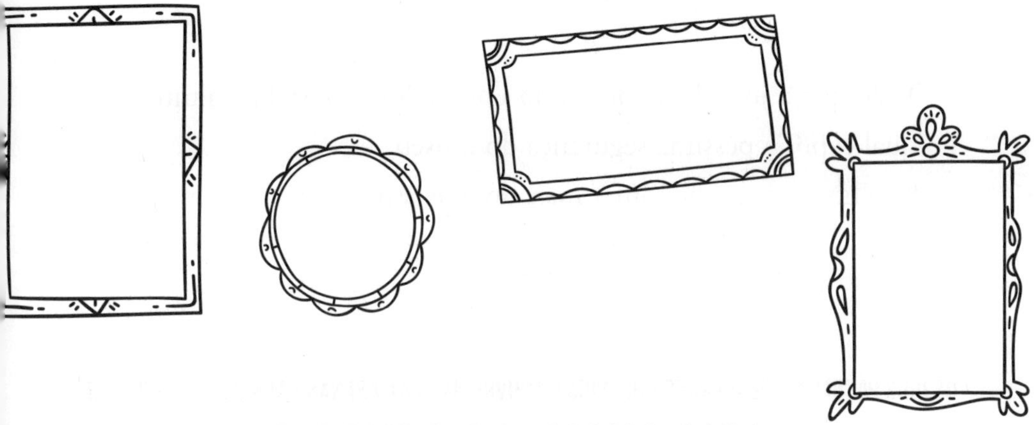

O ROUBO DA *MONA LISA*

ERA SEGUNDA-FEIRA, MANHÃ DE 21 DE AGOSTO DE 1911. DE SEU ESCONDERIJO DENTRO do armário, o homem conseguia ouvir os passos dos guardas do Louvre.

Nos salões enormes e vazios do museu, o som deve ter ecoado.

Os passos se aproximaram cada vez mais, e então: *mais distantes*. Os guardas sempre passavam direto pelo homem. Ele não fazia ideia se estavam à procura dele. Mas tinham que estar. No domingo, ele havia vindo ao Louvre como qualquer outro visitante, mas, quando o museu estava fechando, ele não fez o que os outros fizeram.

Ele não saiu.

O Louvre não era um hotel. Ninguém deveria passar a noite lá. Mas, alguns meses antes, um jornalista francês havia feito a mesma coisa. O jornalista não achava que a segurança do Louvre era muito boa e, para provar, esperou o museu fechar e se escondeu no sarcófago de um faraó, onde ficou até de manhã.

O jornalista estava certo sobre a segurança. Ninguém o incomodou. Nem mesmo o faraó cujo sarcófago ele havia pegado emprestado.

Tudo que o jornalista tomou do Louvre foi material para um artigo, no qual expôs a péssima segurança do museu.

Esse homem queria tomar mais do que isso.

OS DOIS PASSARAM DESPERCEBIDOS, POIS O LOUVRE NÃO ERA APENAS UM MUSEU DE ARTE. ERA um labirinto, com mil anos de lugares nos quais se esconder.

Inicialmente, o museu foi construído como uma fortaleza medieval, tendo até mesmo um fosso. Então se tornou um palácio, a magnífica residência da realeza francesa. Com cada monarca, o palácio ficava cada vez mais palaciano. Vastas alas e pavilhões brotavam, como se fosse algum tipo de criatura fantástica. Depois da Revolução Francesa, que derrubou a monarquia, o lugar teve a sua última transformação e se tornou um museu, um monumento para a nova República Francesa.

Nesse ponto, já era vasto. Ocupava a extensão de, aproximadamente, quarenta campos de futebol americano. Era tão comprido quanto a Torre Eiffel, se esta fosse colocada no chão e alinhada de ponta a ponta com *outra* Torre Eiffel. Era um espaço de salas grandiosas que não parecia ter fim, como um espelho refletido em outro espelho.

Junto a essas salas, havia séculos de nichos e recantos. Estes eram menos grandiosos: depósitos, armários, anexos e cubículos. Um ser humano poderia se enfiar em quase qualquer lugar. Um século antes, ninguém no Louvre sabia quantos desses esconderijos existiam. Eram numerosos demais para serem contados.

E na segunda-feira, 21 de agosto de 1911, ninguém no Louvre fazia ideia de que uma pessoa estava escondida em um deles.

Esse homem havia rejeitado o sarcófago e preferido um armário. O Louvre também era uma espécie de ateliê, onde amadores vinham para copiar as pinturas dos grandes mestres. O museu permitia que esses copistas (esse era o termo para eles) guardassem as suas coisas lá.

Quando o Louvre fechou no domingo, o homem se esgueirou entre os cavaletes e as caixas de tinta.

Essa foi a parte fácil. O que veio depois foi mais difícil.

O homem esperou atrás da porta do armário, prestando atenção nos passos.

VAMOS DEIXÁ-LO LÁ POR UM MINUTO.

Ele está completamente imóvel, mas, fora do museu, um novo século ganha velocidade. Tudo está em movimento.

As mudanças têm sido incrivelmente rápidas. Novas invenções, como automóveis e aviões, são um borrão nas ruas e no céu. A velocidade dessas novas máquinas está alterando fatos fundamentais da vida, coisas tão básicas como o *tempo* e o *espaço*. As pessoas podem se mover pelo globo a uma rapidez inimaginável e chegar a lugares que até então eram isolados. E a informação segue no mesmo ritmo estonteante. Tudo isso faz o mundo encolher. Uma história local (a história de um criminoso à solta no Louvre, por exemplo) agora pode se tornar uma sensação mundial.

Tudo isso moldará o que acontece quando a porta do armário for aberta.

Será uma história digna deste século novo e perigosamente rápido.

OS CORREDORES DO LOUVRE FICARAM EM SILÊNCIO.

A porta do armário foi entreaberta.

Quando o homem saiu do armário, sem dormir após uma noite entre os cavaletes e suado por conta do calor de agosto, ele estava sozinho.

Ou quase. Estava cercado pelas pinturas mais extraordinárias do mundo.

O armário tinha uma localização excelente (tão boa que era até suspeita). Logo ao lado, ficava o Salon Carré, o lar das pinturas mais valiosas do museu. Os grandes pintores italianos estavam todos representados ali: Raphael, Ticiano, Tintoretto. E Leonardo da Vinci.

O Louvre não abria às segundas-feiras; contudo, não estava abandonado. Os funcionários ainda vinham trabalhar: curadores, zeladores, equipe de manutenção. Havia guardas também, mas em menor número, e eles tinham que cobrir uma área do tamanho de uma cidadezinha.

Nenhum deles viu o homem sair do armário. No entanto, mesmo se alguém tivesse visto, talvez não o notasse. Ele usava um jaleco branco, o uniforme da equipe de manutenção do museu. Era como um traje de invisibilidade, normal demais para ser notado.

Não parecia um ladrão.

Ele virou o corredor e entrou no Salon Carré, o coração do Louvre. Era um prato cheio só dele.

Os quadros não ficavam atrás de expositores. Essa falta de segurança era, na verdade, uma forma de segurança: em caso de incêndio, os guardas deveriam pegar os quadros e correr. Ainda assim, algumas pinturas (em especial as valiosas) eram penduradas de maneira que exigia conhecimento interno. Tinham que ser retiradas dos ganchos com extrema precisão, de modo que seria improvável que alguém desinformado descobrisse a forma de retirar os quadros com rapidez.

A pintura que o homem desejava estava pendurada dessa forma.

Felizmente, não precisou descobrir a técnica. Ele já a conhecia. Então, em segundos, o quadro deslizou para fora dos ganchos.

Tudo seguia conforme o plano.

Na parede, a pintura era sublime. Fora dela, era agonizante. Pintada não em tela, mas em madeira, cercada por uma moldura antiga e vidro, a coisa toda pesava noventa quilos.

De alguma forma, o homem a arrastou para a escada mais próxima. Lá, estava seguro (ou mais seguro). Removeu a caixa de vidro e recortou a moldura. Restava apenas a pintura em si: três placas de madeira unidas, medindo pouco menos de um metro de altura e sessenta centímetros de largura.

A pintura tinha mais de quatrocentos anos. E era dele.

Ou quase.

Havia um problema. Uma pintura em tela, uma vez fora da moldura, pode ser enrolada. O mesmo não pode ser feito com uma pintura em madeira, no entanto. Afinal, uma placa de madeira tem sempre o mesmo tamanho.

Não havia uma solução boa. Então ele optou por uma ruim: colocou a pintura — frágil, insubstituível e desprotegida — sob o jaleco branco suado.

O homem começou a descer a escadaria e, quando chegou ao térreo, abriu a porta (ou *tentou* abrir a porta). Mas estava trancada. Ele colocou a chave na fechadura e abriu a porta (ou *tentou* abrir a porta). A chave não funcionou.

De repente, nem tudo estava saindo conforme o plano.

O homem removeu a maçaneta com uma chave de fenda. Mas remover uma maçaneta não abre uma porta trancada, pois ela ainda está trancada, e, antes que conseguisse fazer qualquer outra coisa, ouviu passos. Alguém, talvez um guarda (provavelmente um guarda), descia as escadas.

Ele estava encurralado. Preso na base de uma escadaria, suado e sem dormir, com uma pintura inestimável mal disfarçada sob o jaleco. Não ia pegar nada bem.

Os passos ficaram mais próximos, e então...

Não era um guarda. Era um encanador. O Louvre era tão grande que tinha os próprios encanadores.

O encanador viu um homem na base da escadaria. Quem ele viu? O que viu? Será que notou o suor? O desespero? Será que viu o formato de uma pintura?

O homem no pé da escadaria falou primeiro. Não deu desculpas. Não explicou o que estava fazendo ali. Agiu como se pertencesse àquele lugar. Olhe essa porta aqui, disse ao encanador. Ela não tem nem uma maçaneta! Como é que eu vou sair daqui?

O encanador viu o jaleco branco. Viu alguém normal demais para chamar a atenção. Então, com seus alicates, o encanador mexeu no mecanismo interno da fechadura. De repente, ela foi aberta e o homem de súbito escapou da armadilha. Assim, ele saiu da escadaria, entrou em um pátio, passou por uma galeria e foi em direção à entrada do Louvre.

Havia um guarda na entrada (ou deveria haver um guarda na entrada). Mas naquele minuto, naquela manhã de segunda-feira, o guarda não estava lá. Estava buscando um balde de água.

Havia escolhido o pior momento na longa história do Louvre para limpar sua cabine.

O homem no jaleco branco (suado, sem dormir e triunfante) saiu do Louvre e foi para as ruas de Paris.

Então desapareceu.

Ele havia roubado duas coisas do museu.
A primeira era uma maçaneta.
Ninguém se importava com a maçaneta.
A segunda era a *Mona Lisa.*
Um monte de gente se importava com a *Mona Lisa.*

A FAMA ABSURDA DA *MONA LISA*

O FURTO DA *MONA LISA* FOI O MAIOR ROUBO NA HISTÓRIA DA ARTE. TODO ROUBO QUE SE SEGUIU, todo quadro roubado, foi uma imitação.

Não uma imitação da estratégia, ou do ofício, ou da sorte, mas uma imitação de audácia: a ideia de roubar algo que supostamente *não poderia ser roubado.*

Um ano antes, em uma coincidência assustadora, o diretor do Louvre foi questionado sobre a possibilidade: a *Mona Lisa* poderia ser roubada? O diretor rira. Ele tinha dito que roubar a *Mona Lisa* seria tão difícil quanto roubar as imensas torres de Notre-Dame, a catedral medieval francesa.

Aquela era uma pergunta que não interessava a muita gente. Antes de a *Mona Lisa* ser roubada, a maioria das pessoas nunca tinha ouvido falar da pintura. Fora de círculos seletos (artistas, amantes da arte, pessoas perdidas no Louvre), a pintura praticamente não existia. Era apenas mais uma obra de Leonardo da Vinci. Um retrato estranho, pequeno e escuro.

Depois de ser roubada, tornou-se um fenômeno.

Para a *Mona Lisa,* ser roubada foi muito importante para sua carreira.

Hoje, a pintura é tão famosa que roubá-la soa como uma piada. Soa como roubar o Monumento de Washington ou a rainha da Inglaterra; soa como algo absurdo. A *Mona Lisa* é tão popular hoje em dia que mal pode ser vista: um visitante do Louvre tem sorte se conseguir se aproximar o suficiente para ter um vislumbre dela, para confirmar que ela existe. Mas isso é o suficiente, porque todo visitante do Louvre já sabe como é o semblante da *Mona Lisa*.

A razão de eles saberem é por causa do que aconteceu em 21 de agosto de 1911.

Antes dessa data, era possível ver a *Mona Lisa* sem ter conhecimento de seu semblante de antemão.

Depois disso, não era mais possível.

Esta é uma história de como um retrato pequeno e estranho se tornou a pintura mais famosa da história. Trata-se de um roubo chocante e de um resgate bizarro. É um vislumbre de uma nova era, um futuro de teorias da conspiração e fama instantânea.

Mas também é a história de outra maneira de enxergar o mundo. Clara e simplesmente, sem suposições ou expectativas. É a história de como Leonardo da Vinci enxergava o mundo.

Para solucionar o mistério do roubo da pintura de Leonardo, o mundo precisava de alguém como o próprio Leonardo da Vinci: alguém que *observa*.

O mundo não teria Leonardo.

Como a *Mona Lisa* naquele agosto em Paris, Leonardo já tinha desaparecido havia muito tempo.

ELA SUMIU

AQUI NINGUÉM PERCEBE
QUE A *MONA LISA* SUMIU, E ENTÃO,
EM TODO CANTO DO MUNDO, TODOS PERCEBEM

SEGUNDA-FEIRA DE MANHÃ

POR UM INSTANTE, APENAS UM INSTANTE, COLOQUE O HOMEM DE JALECO BRANCO DE VOLTA no armário.

Faça-o estar exausto e suado mais uma vez. Faça com que ele ainda não tenha triunfado.

Traga de volta os passos.

Os passos vinham de uma equipe de trabalhadores, dos homens que deveriam estar de jaleco branco. Eles andavam em direção ao Salon Carré, onde o chefe da equipe (o chefe de toda a manutenção do Louvre) os interrompeu.

— Aquela pintura — disse ele, apontando para a *Mona Lisa* — pode ser a mais valiosa do mundo.

Ele usou o nome francês para a pintura: *La Joconde*.

A equipe olhou para a *Mona Lisa*. Eles não faziam ideia de que seriam as últimas pessoas que a veriam no Louvre por um bom tempo.

Depois de partirem, o homem saiu do armário. Ele entrou no Salon Carré, saiu do Salon Carré e desceu a escadaria.

A essa altura, os mesmos trabalhadores voltaram a atravessar o Salon Carré. Apenas uma hora havia passado desde a última vez que estiveram lá, mas algo havia mudado, e eles viram logo de cara. Ou melhor, *não* viram.

Não viram a *Mona Lisa*. Viram um espaço vazio na parede e alguns ganchos de ferro.

Foi um momento decisivo. A pintura estava desaparecida por menos de uma hora, talvez até menos do que alguns minutos. Cada instante era precioso. O ladrão ainda poderia estar no Louvre.

A equipe encarou a parede, atônita.

— Bem, as pessoas têm medo de que alguém vá roubá-la! — falou o chefe da equipe, por fim.

Ele riu. Todos riram.

A lógica era simples. A *Mona Lisa* não poderia ser roubada. O próprio diretor do Louvre dissera isso. E, se *não poderia* ser roubada, isso significava que *não fora* roubada. Então, se ela havia desaparecido (e *de fato* desaparecera), isso deveria significar que estava em um lugar ainda mais seguro do que o normal.

Problema resolvido.

Os trabalhadores deixaram o Salon Carré. Não contaram a ninguém sobre a parede vazia. Nem voltaram a pensar nisso.

O momento passou.

A *Mona Lisa* havia sido roubada (e ninguém sabia).

O BRIGADEIRO PAUPARDIN TEM UM DIA MUITO RUIM

O BRIGADEIRO MAXIMILIEN ALPHONSE PAUPARDIN DEFINITIVAMENTE NÃO SABIA.

Isso foi lamentável, porque o brigadeiro Paupardin era o guarda encarregado do Salon Carré. Seu único trabalho, sua única responsabilidade, era saber se uma pintura havia sido roubada.

Na manhã de terça-feira, 24 horas depois de a *Mona Lisa* ter sumido do Louvre, Paupardin chegou ao trabalho. Terça-feira, 22 de agosto de 1911, teria sido um bom dia para não aparecer no trabalho. Teria sido um bom dia para estar doente. Teria sido um bom dia para fingir estar doente. Não foi um bom dia para ser um guarda no Louvre, e, em especial, um guarda chamado Maximilien Alphonse Paupardin.

Ele não era um bom guarda, mas nenhum dos guardas no Louvre era. Como Paupardin, eram oficiais aposentados do exército francês (era um requisito do trabalho) e estavam velhos e cansados. Aceitaram um trabalho no Louvre porque era o lugar mais tedioso de Paris. Nada aconteceria lá e, depois de um bom tempo em que nada aconteceria, eles se aposentariam.

Nada aconteceria porque nada jamais acontecia no Louvre.

Terça-feira foi um dia de calor de arrancar o couro. Naquele agosto, as máximas em Paris atingiram 32 graus e depois subiram ainda mais. Não chovia. Não havia ar-condicionado. Ninguém em Paris estava em sua melhor condição. Paupardin certamente não estava em sua melhor condição quando chegou a seu posto no Salon Carré.

Paupardin era um péssimo guarda, mas seria necessário um nível inédito de incompetência para não notar que uma pintura estava desaparecida. Paupardin era péssimo, mas não chegava a esse ponto. Ele percebeu.

E não foi o único. Por mais de um dia, desde que os funcionários de manutenção haviam ido embora, qualquer um que passasse pelo Salon Carré percebia que a *Mona Lisa* estava desaparecida. Era impossível andar pelo Salon Carré *sem* perceber sua ausência. Mas todos sabiam que a *Mona Lisa* não poderia ser roubada e, se não poderia ser roubada, então não havia sido roubada.

Além disso, se a pintura *tivesse* sido roubada, com certeza alguém teria dito algo.

Com certeza os guardas teriam dito algo.

Paupardin não disse nada. Não fez perguntas, não soou nenhum alarme, não notificou supervisor algum. Como todos os outros, encontrou uma razão para presumir que fazia sentido a *Mona Lisa* estar desaparecida. A dele era que os fotógrafos do Louvre a haviam pegado.

Em 1911, a fotografia ainda era uma tecnologia recente, mas estava melhorando rapidamente, e o Louvre andava fotografando todo o acervo. Os fotógrafos oficiais tinham um estúdio no museu e livre acesso ao lugar. Sem perguntar a ninguém, sem nem mesmo avisar a alguém, eles retiravam as pinturas das galerias. Fotografavam-nas quando queriam e as devolviam quando bem entendiam.

Então, quando um pintor bem-vestido e de meia-idade chamado Louis Béroud perguntou ao brigadeiro Paupardin onde a *Mona Lisa* estava, o guarda sabia a quem culpar.

— Ah — exclamou ele —, ela está com os fotógrafos.

NAQUELA MANHÃ, LOUIS BÉROUD TINHA ACORDADO COM UMA IDEIA.

Não era uma ideia nova, não exatamente. Louis Béroud não apreciava ideias novas. Era um homem conservador que valorizava a tradição e pintava de maneira tradicional.

Béroud se especializou em representações carinhosamente detalhadas do Louvre. Ele conhecia bem o museu. Havia passado muitos dias pintando ali e feito diversas pinturas daquele lugar. Em 1911, ainda era um local tranquilo. Visitantes e copistas tinham acesso extraordinário às pinturas e podiam se sentar em frente a uma obra o dia inteiro quase sem serem perturbados. Béroud era particularmente fascinado pelos copistas do Louvre. Ele pintava os copistas e as pinturas *deles* em frente às pinturas que *eles* pintavam (uma cena que *ele mesmo* estava pintando). Cada pintura era como uma fita de Möbius.

Louis Béroud amava o Louvre. Mas algo tinha se colocado entre ele e seu amado museu. Esse algo era quase invisível, mas era tudo que Louis Béroud conseguia ver.

Era um painel de vidro.

Alguns anos antes, uma pintura valiosa do Louvre havia sido atacada com tesouras e acabara sendo dilacerada. Em resposta, o museu acabou decidindo colocar as obras mais valiosas atrás de painéis de vidro. A decisão foi recebida com indignação por críticos, que diziam que o público não ia mais conseguir ver as pinturas, só veriam a si mesmos refletidos no vidro.

Em protesto, um homem levou uma navalha ao Louvre. Não a usou para rasgar uma pintura.

Ele fez a própria barba.

Enquanto via seu reflexo em um Rembrandt.

Um rumor se espalhou de que a *Mona Lisa* havia sido substituída por uma falsificação, mas, atrás do vidro, ninguém seria capaz de notar. A verdadeira *Mona Lisa,* segundo o rumor, pertencia a um milionário norte-americano. Quando perguntado sobre o rumor, o diretor do Louvre, Théophile Homolle, riu. Foi nesse momento que ele disse que seria tão difícil roubar a *Mona Lisa* quanto as torres da Notre-Dame.

Louis Béroud desprezava o vidro. Sentia que a camada protetora destruía a intimidade do Louvre. Para ele, o vidro era um problema, não uma solução, e, naquela terça-feira, elaborava uma pintura que zombaria disso. Faria uma alusão ao homem que se barbeou em frente a um Rembrandt. Pintaria uma garota em frente à *Mona Lisa*. Mas, em sua pintura, a garota estaria arrumando o cabelo no reflexo. Já não conseguimos mais ver a *Mona Lisa*, diria a pintura. Só conseguimos ver a nós mesmos.

Béroud se vestiu. Não se vestiu para o calor. Vestiu-se, como sempre, de maneira conservadora. Usava preto.

Quando caminhou por Paris até o Louvre, em meio ao ar espesso, as torres da Notre-Dame ainda estavam lá.

Dentro do Louvre, Béroud passou pela Grande Galerie (um imenso corredor que se estende por cerca de 365 metros) e se dirigiu para a ala italiana. Cumprimentou os guardas, pegou suas tintas e seu cavalete, e entrou no Salon Carré.

Entrou para a história.

Louis Béroud havia dedicado a vida à pintura. Mas, a partir daquele momento, para sempre será associado à pintura de uma outra pessoa.

Ele será Louis Béroud, o homem que descobriu que a *Mona Lisa* havia desaparecido.

— ONDE ESTÁ A *MONA LISA*? — PERGUNTOU BÉROUD.

— Ah, ela está com os fotógrafos — respondeu o brigadeiro Paupardin.

Béroud suspirou. Esperou. Saiu. Voltou.

A *Mona Lisa* não havia retornado. A *Mona Lisa* estava demorando demais para ser fotografada.

Béroud estava ficando impaciente. Ele havia planejado seu dia em função da pintura. Não tinha como pintar uma garota não olhando para a *Mona Lisa* sem a *Mona Lisa*.

— Pode descobrir quando os fotógrafos vão terminar com ela? — perguntou a Paupardin. — Por favor. Só dê uma olhada.

Paupardin saiu do Salon Carré e caminhou pelo Louvre até o estúdio de fotografia. Ele perguntou onde estava a *Mona Lisa*. Foi então que as coisas ficaram extremamente confusas. Os fotógrafos não estavam com a *Mona Lisa*. Os fotógrafos não haviam visto a *Mona Lisa*. Os fotógrafos não tinham ideia do que Paupardin estava falando.

Aquela não era a resposta certa, era uma resposta muito errada, então Paupardin repetiu a pergunta.

E obteve a mesma resposta.

Paupardin vasculhou o estúdio ele mesmo. A *Mona Lisa* não estava lá. A *Mona Lisa* não estava (de forma súbita, chocante e impossível) em lugar algum.

Mesmo no calor de agosto, o brigadeiro Paupardin deve ter suado frio. Se a *Mona Lisa* estava desaparecida, então ele era o responsável. Afinal de contas, era o guarda do Salon Carré. Ele tinha passado a manhã inteira protegendo uma sala que *já havia sido roubada*.

Ele não era capaz de procurar a *Mona Lisa* pelo Louvre sozinho, o museu era grande demais. Nem podia contar ao diretor do Louvre, porque o próprio diretor estava desaparecido. (Ele não havia sido roubado. Estava no México.) Paupardin, então, correu até a pessoa desafortunada o suficiente para estar no comando, o curador de antiguidades egípcias, um homem chamado Georges Bénédite.

— La Joconde, *c'est partie!* — disse Paupardin a Bénédite.

A Mona Lisa, *ela desapareceu!*

Demorou um pouco para Bénédite entender (o próprio Paupardin mal entendia o que estava dizendo), mas, quando a ficha do homem caiu, ele não ficou muito preocupado.

Afinal, a *Mona Lisa* não corria mais perigo do que as torres da Notre-Dame. As torres da Notre-Dame ainda estavam lá? Estavam. Portanto, a *Mona Lisa* ainda estava no Louvre.

Ela *tinha* que estar no Louvre.

Bénédite, Paupardin e o chefe dos guardas do Louvre checaram o estúdio de fotografia mais uma vez; checaram o Salon Carré.

A *Mona Lisa* não estava no Louvre. Eles poderiam repetir "A *Mona Lisa* tem que estar no Louvre" quantas vezes quisessem, mas não poderiam tornar isso verdade.

Não havia linhas telefônicas particulares em 1911, e a segurança era essencial, então Georges Bénédite não ligou para a polícia. Naquela terça-feira quente, ele caminhou do Louvre ao Palais de Justice, sede da polícia de Paris. Aquela deve ter sido a pior caminhada de sua vida.

Ele não tinha pistas ou indicações, nem evidências ou testemunhas oculares.

Então disse à polícia a única coisa que sabia:

— *C'est partie.*

Ela sumiu.

PODERIA TER SIDO PIOR

O LOUVRE TEVE SORTE?

É difícil imaginar. O respeitado museu francês estava prestes a ser reduzido à posição de chacota. *Sorte* não parece ser a palavra certa.

Mas e se Louis Béroud tivesse ficado menos aborrecido a respeito do vidro?

E se Louis Béroud tivesse decidido que estava quente demais para caminhar até o Louvre?

E se Louis Béroud tivesse desistido após descobrir que a *Mona Lisa* havia sumido?

A *Mona Lisa* esteve desaparecida por mais de 24 horas antes de alguém perceber. Se não fosse pela persistência de Louis Béroud, poderiam ter sido dias. Poderia ter sido uma semana.

O roubo da *Mona Lisa*, o maior roubo de arte do século, foi descoberto porque Louis Béroud ficou entediado.

O Louvre teve sorte.

Nos meses e anos vindouros, a sorte do Louvre acabaria.

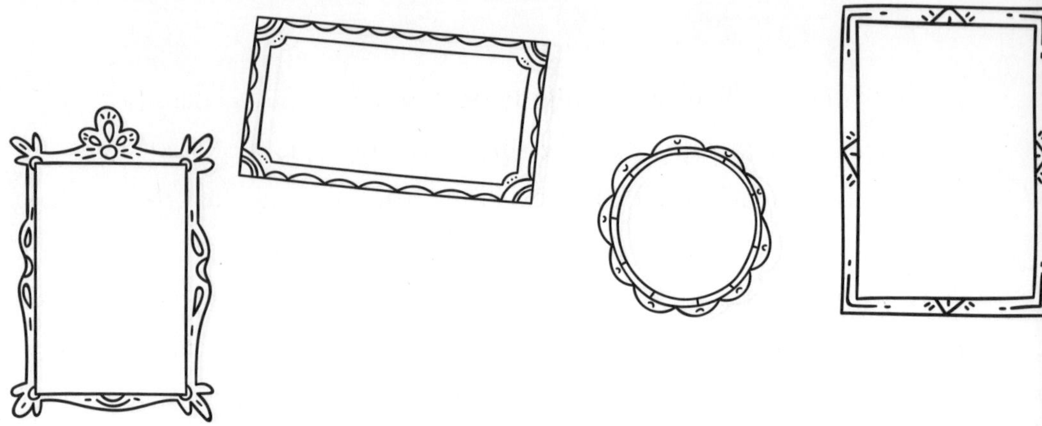

LOUIS LÉPINE ESTÁ À FRENTE DO CASO

QUASE NO MESMO MOMENTO EM QUE GEORGES BÉNÉDITE CHEGOU AO PALAIS DE JUSTICE, Louis Lépine partiu para o Louvre.

Apenas aqueles que já o conheciam teriam notado sua entrada. Louis Lépine nunca causava uma boa impressão. Era baixo e magro, e seu chapéu-coco, curiosamente, dava a impressão de que era ainda mais baixo. Ele tinha uma barba branca que mais parecia que um animalzinho do ártico havia se prendido ao queixo do homem.

Mas seu olhar era aguçado e intenso, e nunca houve qualquer dúvida a respeito de quem lideraria a investigação da *Mona Lisa*: Louis Lépine era o chefe de polícia de Paris, ele comandava tudo. Comandava o corpo de bombeiros da cidade; comandava o exército francês localizado na capital francesa. Foi nomeado pelo presidente da França, e apenas o presidente da França poderia demiti-lo. Uma lenda de seu tempo, ele era o tipo de homem que adquiria vários apelidos: o Manda-Muito de Paris, o Homenzinho com a Bola Toda, o Reizinho.

Tinha total confiança em si mesmo. Certa vez decretou que nenhum homem *maior* do que um metro e setenta poderia ser detetive em Paris e que nenhum homem *menor* do que um metro e setenta e cinco poderia ser um policial, um oficial de rua. (Nunca mais se ouviu falar de candidatos que mediam exatamente um e setenta e três.) A teoria de Lépine era a de que detetives deveriam ser discretos e que os policiais que patrulhavam as ruas deveriam ser indiscretos. Era uma ideia ao mesmo tempo sensata e completamente sem sentido.

Mas Lépine acreditava nela. Ele nunca foi nada menos do que autoconfiante e tinha motivos para isso. Uma vez salvou o próprio governo francês: na década de 1890, alcançou fama nacional por acalmar revoltas generalizadas que quase levaram o país à revolução.

Louis Lépine era capaz de encontrar um velho pedaço de madeira? Com certeza.

Seus oficiais invadiram o Louvre. Trancaram as portas, posicionaram-se no telhado e disseram a todos que a emergência era um cano de água quebrado. A equipe do museu ficou se perguntando por que a polícia de Paris estava consertando problemas de encanamento quando o Louvre tinha os próprios encanadores.

O sigilo era em parte porque Louis Lépine tinha certeza de que estava prestes a encontrar a *Mona Lisa.* A obra devia simplesmente ter sido colocada no lugar errado e não havia motivos para relatar um roubo quando se estava prestes a resolvê-lo. Mas o sigilo também era porque, se a *Mona Lisa* tivesse sido roubada, aquilo causaria um alvoroço. O próprio presidente da França teria que ser notificado.

Lépine consultou Bénédite. Isso não ajudou em nada. Bénédite nem mesmo sabia há quanto tempo a *Mona Lisa* estava desaparecida. (Até aquele momento, ninguém havia conversado com os trabalhadores que a viram no dia anterior.) Tudo era possível. A pintura ainda poderia estar no Louvre. Ou poderia estar em quase qualquer lugar do mundo.

Lépine agiu com uma amplitude digna da realeza (ele era chamado de Reizinho por um motivo). Ordenou que as fronteiras da França fossem fechadas. Trens seriam parados e revistados; assim como navios. Na verdade, qualquer navio que tivesse saído da França desde domingo seria revistado quando atracasse. Contanto que a *Mona Lisa* não permanecesse em alto-mar indefinidamente, seria encontrada.

Enquanto isso, a polícia de Paris vasculhou o museu em busca de pistas. Não encontraram nada até que uma moldura antiga e uma caixa de vidro foram descobertas em uma escadaria perto do Salon Carré. Ambos os objetos estavam em bom estado.

A etiqueta na moldura dizia: *La Joconde*.

No fim da tarde, o Louvre se pronunciou. Georges Bénédite ficou do lado de fora do museu e contou a verdade.

— *La Joconde* desapareceu — falou. — Até agora, não temos nenhuma pista sobre o autor do crime.

A PEQUENÍSSIMA VITÓRIA DE LOUIS BÉROUD

PARE AQUI POR UM INSTANTE E COLOQUE LOUIS BÉROUD DE VOLTA EM SUA CAMA.

Volte o relógio. Faça ser terça-feira de manhã de novo. E diga ao homem que ele venceu: A *Mona Lisa* está livre! Escapou de sua prisão de vidro. Ninguém pode usá-la como um espelho para fazer a barba. Ninguém pode arrumar o cabelo em seu reflexo.

Mas, antes que Louis Béroud fique animado demais, diga a ele que há uma pequena complicação.

Em vez de centenas de admiradores, a *Mona Lisa* agora tem um público muito seleto. Um público *extremamente* seleto.

Um público composto de uma pessoa.

Um ladrão.

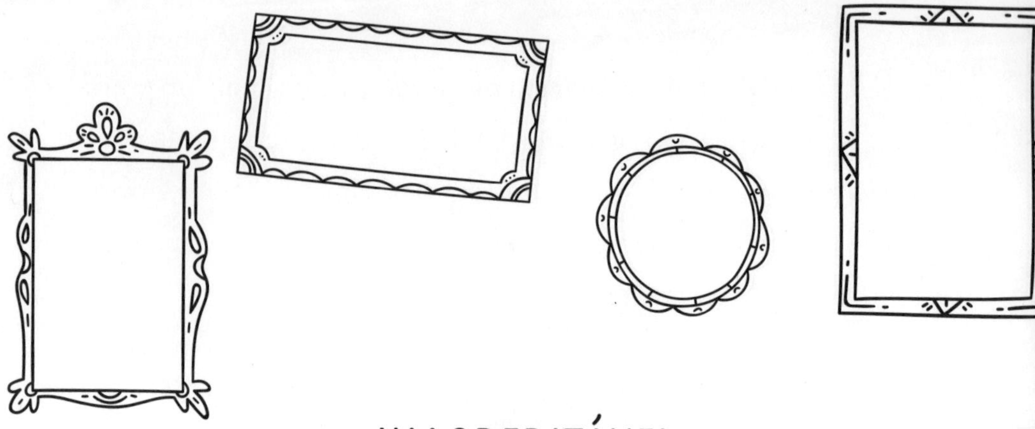

INACREDITÁVEL

EM COISA DE UM DIA, TODA A PARIS HAVIA OUVIDO AS NOTÍCIAS.

Os cidadãos viram assim que saíram de casa. Paris era uma cidade de jornais, e a chocante notícia estava em todas as mãos, em todas as bancas de jornal, em todas as manchetes. As mesmas palavras, repetidas de novo e de novo, em letras extremamente grandes:

INACREDITÁVEL

INEXPLICÁVEL

INCRÍVEL

A manchete do *Le Petit Parisien* usou mais tinta:

A MONA LISA *SUMIU DO LOUVRE*

O jornal *Le Petit Parisien* não era *petit*, a palavra francesa para "pequeno". Era o jornal de maior circulação do mundo, e o roubo da *Mona Lisa* estava estampado na primeira página.

A história tinha de tudo. Um roubo *inimaginável*. Um criminoso genial (e tinha que ser genial, pois quem mais poderia roubar uma pintura que não poderia ser roubada?). Uma linda mulher. Um gênio. Um quadro que valia uma quantia tão impressionante que era difícil de estimar. Era um filme de Hollywood antes mesmo de Hollywood existir.

Da noite para o dia, Paris se tornou uma cidade obcecada por uma dama.

Os parisienses que nunca tinham ouvido falar da *Mona Lisa*, de repente foram consumidos por seu desaparecimento. Foram ao Louvre mesmo com o museu fechado. (Louis Lépine havia ordenado o fechamento.) Lotaram a rua do museu apenas para estar perto de onde a *Mona Lisa* costumava ficar. A única *Mona Lisa* que ainda estava lá era a dos cartões-postais. Estes venderam bastante.

O roubo da *Mona Lisa* esteve na primeira página dos jornais parisienses todos os dias durante mais de um mês. A cada notícia, o quadro se tornava mais significativo, e sua perda, mais trágica. Deixou de ser apenas mais um quadro, ou mesmo apenas mais um grande quadro. Era um quadro *transcendental*.

Durante o mês seguinte, a *Mona Lisa* foi transformada em uma pintura que era amada por todos, com a qual todos se conectavam, que emocionava a todos. De fato, tornou-se menos uma pintura e mais um objeto de adoração. Era um mito, um mistério, quase um ser vivo.

"Que criminoso audacioso, que ilusionista, que colecionador maníaco, que amante insano, cometeu esse sequestro?", perguntou o jornal *L'Illustration*.

Em um único dia, o *L'Illustration* recebeu mais de quinhentas cartas alegando ter informações sobre o roubo. Mais de cem pessoas estavam tão certas de terem informações cruciais que foram pessoalmente ao jornal.

A publicação ofereceu dez mil francos por quaisquer pistas que levassem à devolução da *Mona Lisa.* O *Paris-Journal* aumentou a recompensa para cinquenta mil. E publicou uma foto da Notre-Dame com uma torre faltando e a manchete:

ISSO TAMBÉM PODERIA ACONTECER?

Para Louis Lépine, Georges Bénédite, o brigadeiro Paupardin, até mesmo para o próprio presidente da França, essas notícias eram um lembrete diário de seus fracassos. Qualquer pessoa envolvida recebia uma atualização de como as investigações estavam indo mal toda vez que passavam por uma banca de jornal. A cada dia, as manchetes se tornavam mais insistentes e indignadas.

O quadro havia escapado, mas era impossível escapar da história.

ERA A HISTÓRIA PERFEITA NO MOMENTO PERFEITO. POR QUÊ? PORQUE, DE REPENTE, AS PESSOAS conseguiam *ler*.

Durante séculos, a alfabetização foi um conhecimento especializado. Isso estava mudando com rapidez. Mais pessoas estavam indo para a escola, mais empregos exigiam capacidade de leitura. O resultado foi um aumento na alfabetização.

O efeito colateral foi a era de ouro dos jornais.

Em 1870, mais de um milhão de jornais eram vendidos todos os dias em Paris. Quando a *Mona Lisa* foi roubada, esse número aumentou para quase seis milhões, em uma cidade com menos de três milhões de habitantes. Um jornal diário custava metade do que antigamente. A mídia de massa havia chegado.

Recém-popular, a imprensa foi em busca dos tipos de matéria que atrairiam ainda mais leitores. Repórteres queriam aventura, queriam crime, queriam fama. Não se importavam se as histórias eram verdadeiras. Não particularmente. O importante era cativar o público.

Havia muita coisa para cativar o público. O mundo estava em alvoroço.

É difícil imaginar hoje como o mundo estava mudando rápido em 1911. Mas tente. Saia de sua casa neste dia de agosto de 1911.

Ignore os jornais gritando *INACREDITÁVEL*.

Em vez disso, sinta o cheiro do ar. É forte. Tóxico. É até um cheiro bom, para o padrão parisiense. Algumas décadas antes, houve episódios verdadeiramente nocivos conhecidos como "os Grandes Fedores". Ainda assim, no calor do verão, o ar tem um cheiro medieval.

Agora olhe para baixo antes que... *ops*. Isso é excremento de cavalo. (E esse é o nome educado para a coisa.) Está em toda parte, embora isso também esteja melhorando. Uma década antes, uma rua parisiense era um riacho com fezes de cavalo até o tornozelo. Carroças puxadas por cavalos ainda estão por toda parte, mas também existem carroças barulhentas sem cavalos, uma invenção tão nova que só recentemente surgiu uma palavra para ela: *automóvel*. Os primeiros aviões estão sobrevoando. O novo Paris Métro (o metrô) está no subterrâneo.

Aviões no ar e esterco de cavalo no chão: o passado e o futuro estão todos misturados. É difícil entender como é o presente quando nada permanece parado tempo suficiente para que alguém o compreenda. O mundo está em um movimento implacável.

Agora pegue uma cópia daquele jornal (mas ignore a *Mona Lisa* na primeira página). Dê uma olhada nas outras matérias: assassinato, escândalo, corrupção, notícias do mundo todo. O globo encolheu: lugares que ficavam a semanas de distância agora estão a dias; lugares que ficavam a dias de distância agora estão a horas. Uma espécie de magia invisível que envia informações pelo ar está prestes a revolucionar o mundo.

Ela se chama *rádio*. Um outro truque de mágica agora pode preservar os espectros do passado. E se chama *filme*.

Olhe para cima, essas são as luzes da rua se acendendo. Paris está acesa. Não são apenas o passado e o futuro que estão se misturando. O dia e a noite também se embolam agora. A eletricidade, também uma espécie de magia invisível, transformou Paris na Cidade Luz.

Caminhe pela noite recém-iluminada até o bairro de Montmartre. É surrado e barulhento; talvez não passe uma boa sensação de segurança. Aqui, um artista chamado Pablo Picasso está revolucionando a ideia de perspectiva, as regras geométricas que governam as pinturas penduradas no Louvre. Um físico chamado Albert Einstein acabou de revolucionar as regras físicas do espaço e do tempo. Em seu apartamento encardido em Montmartre, Picasso está fazendo algo semelhante em tela: distorceu o espaço e o tempo em algo que chama de *cubismo*.

Seu trabalho é brilhante e, para quem o vê pela primeira vez, ou mesmo pela segunda ou terceira vez, é totalmente incompreensível.

Era muito parecido com o restante do mundo em 1911. A vida era governada por coisas que poucas pessoas conseguiam entender. Todos os avanços da arte e da ciência (a eletricidade, o motor de combustão interna, a teoria da relatividade, o cubismo) tinham que ser explicados e, *mesmo assim*, muitas vezes não faziam sentido.

Um roubo que não fazia sentido se encaixava perfeitamente. O roubo da *Mona Lisa* era impossível, mas coisas impossíveis estavam acontecendo todos os dias, às vezes antes mesmo do café da manhã.

Tudo isso era, de um jeito estranho, semelhante ao período que produziu a *Mona Lisa*: uma época em que o mundo renasceu.

DIGA-ME, DIGA-ME, DIGA-ME

NO QUAL LEONARDO NASCE, SAI DE CASA, APRENDE A PINTAR E PASSA SEU TEMPO SE PERGUNTANDO DO QUE A LUA É FEITA

VINCI, 15 DE ABRIL DE 1452

LEONARDO DA VINCI NASCE NO MOMENTO CERTO, NO LUGAR CERTO, MAS COM OS PAIS ERRADOS.

O lugar é Vinci, uma cidadezinha nos arredores de Florença, o berço do Renascimento.

A data é 15 de abril de 1452, auge do Renascimento, movimento italiano que é um reavivamento cultural e científico, um período de grande possibilidade e intensidade. É um renascimento do próprio aprendizado.

A data e o lugar não são o problema.

Os pais são Ser Piero di Antonio, um tabelião bem-sucedido, e Caterina di Meo Lippi, uma pobre jovem camponesa.

Eles não são casados. Esse é o problema.

Leonardo da Vinci é um filho ilegítimo. É o que chamam de bastardo, uma criança nascida fora do casamento. É filho de Ser Piero, sim, mas oficialmente não é filho de ninguém. Isso é relevante de maneiras bem importantes. Afinal, ele não herdará as terras do pai. Não herdará seu status. Não herdará sua profissão.

O Renascimento não é apenas uma era de artistas e eruditos. É também um tempo de grande riqueza, e tabeliães como Ser Piero estavam no centro disso. Tabeliães lidavam com contratos e testamentos e mantinham uma pequena parcela das riquezas que registravam.

Era uma profissão boa e segura.

Mas um filho ilegítimo nunca pode se tornar um tabelião legítimo. Leonardo fica sem um emprego no momento em que nasce. Graças a essa lógica cruel, Leonardo da Vinci escapa (por pouco) de uma monótona existência alternativa como tabelião.

O garoto também não pode ficar com a mãe. Órfã, vulnerável e paupérrima, Caterina mal consegue sustentar a si mesma. Ela é completamente impotente e muito abaixo de Ser Piero na sociedade renascentista, tão abaixo que Ser Piero nunca consideraria casar-se com ela. Ela é uma camponesa; ele, um tabelião. Tais casamentos não acontecem. (Na verdade, em vez de casar-se com ela, Ser Piero arranja um casamento com outro camponês *para* ela.)

Caterina é a lacuna na vida de Leonardo. Ela desaparece dos registros históricos de modo tão completo que, durante séculos, sua identidade permanecerá um mistério. A mãe de Leonardo e Lisa Gherardini (a futura *Mona Lisa*) estão no centro desta história e, ainda assim, sabemos pouquíssimo sobre as duas. Isso não é uma eventualidade. No extremamente masculino Renascimento italiano, a vida de qualquer mulher é descrita nos termos mais simples: a data de seu nascimento e casamento; as datas em que ela deu à luz; e então, finalmente, a data de sua morte. Suas alegrias e tristezas, a forma de seus dias, estão todas ausentes. É uma ausência trágica.

A Itália renascentista não é intolerante com crianças ilegítimas. Como um jovem menino, Leonardo é acolhido na casa de Ser Piero e criado, entre seus muitos irmãos legítimos, pelos avós. Mas ele nunca chega a pertencer por completo. Está sempre de fora. Isso é uma vantagem peculiar. Como alguém que não pertence, ele aprende a ver o mundo com mais clareza, porque não pode se dar ao luxo de ter suposições ou ilusões. Ele precisa ver o mundo como ele é.

E terá que encontrar seu próprio caminho por ele.

FLORENÇA, 1466

AGORA QUASE ADOLESCENTE, LEONARDO CRESCEU ENTRE OLIVAIS E VINHEDOS. É UM GAROTO do campo.

Mas ele tem que sair de casa para buscar sua fortuna (não há nada para ele em Vinci). Não pode ser tabelião, mas já demonstra um talento para o desenho, e Andrea del Verrocchio, um pintor e escultor florentino, concordou em aceitá-lo como aprendiz. Leonardo trabalhará para Verrocchio, colaborando nas pinturas e esculturas que saem de seu estúdio. Em troca, aprenderá os fundamentos do ofício. É um tipo comum de acordo.

O que acontece depois é menos comum.

LEONARDO CHEGA A FLORENÇA E ENCONTRA UMA CIDADE VIRADA DO AVESSO.

Ninguém sabe exatamente o que esse estranho período é. Ainda não o chamam de Renascimento; ninguém na época sabe que há um renascimento de algo, ou o que está renascendo. Os velhos meios se foram, mas os novos, as regras que esta sociedade seguirá, ainda estão por vir. Enquanto isso, tudo é possível, ou, pelo menos, tudo *pode* ser possível. A totalidade do conhecimento mundano está se expandindo diariamente; fortunas estão atingindo alturas vertiginosas. Mas tudo é frágil. Um exército invasor pode aparecer nas muralhas da cidade sem aviso, e exércitos invasores, embora interessados em fortunas, pouco se importam com conhecimento mundano.

Florença é o lugar ideal para um jovem com pressa. Mas Leonardo da Vinci é um jovem incomum. Ele não está com pressa para enriquecer. Não está com pressa para adquirir poder. Está com pressa para adquirir conhecimento: quer saber tudo o que pode ser possível e um bocado do que pode não ser.

Primeiro, no entanto, ele precisa aprender a pintar.

Isso acaba não sendo um problema.

Ao imitar Del Verrocchio, mergulhando na vida agitada da oficina, Leonardo aprende a pintar, e então *reinventa* o modo de pintar. Ele cria uma técnica chamada *sfumato*, que vem da palavra italiana *fumo*, ou fumaça. É uma maneira de pintar que esconde o ato da pintura. As pessoas e as coisas nas pinturas de Leonardo não têm bordas, porque o artista não delimita nada. Bordas fazem as pinturas parecerem *pintadas*. Leonardo reconhece isso. E sua nova técnica de sfumato tira tudo de foco, assim como a fumaça se dissolve no ar.

Dessa forma, nada termina nas pinturas de Leonardo. Nem nada começa de fato. Tudo simplesmente *se mistura.*

Ele só consegue fazer isso com tintas a óleo. Durante o tempo em que Leonardo era aprendiz, os pintores na Itália usavam têmpera: água com pigmento e gema de ovo. Um estúdio de arte em operação sempre mantém um galinheiro. Mas tintas a óleo acabaram de aparecer no horizonte, e de imediato Leonardo vê seu potencial. Com óleos, camadas de tinta podem ser acumuladas para alcançar um efeito completamente novo. Também permitem um trabalho lento e meticuloso: com óleos, um artista pode levar o tempo que quiser. Pode levar uma eternidade, se necessário.

Leonardo com frequência precisa levar uma eternidade. E mais um pouco.

UMA HISTÓRIA:

Após anos como aprendiz, Leonardo colabora com Verrocchio em uma pintura, *O batismo de Cristo*. Ele é encarregado, entre outros elementos, de pintar um anjo. Não deveria ser o foco da pintura, mas acaba se tornando. Quando Leonardo termina, o anjo irradia vida. Parece que está prestes a se virar para o espectador, como se fosse saltar da pintura. Seus cachos dançam. Mal parece ter sido pintado.

Quando vê o que Leonardo fez, Verrocchio larga o pincel. Ele nunca mais volta a completar uma pintura.

Outra história:

Por volta dessa mesma época, Ser Piero, pai de Leonardo, lhe traz um escudo de madeira. É uma encomenda, alguém em Vinci quer que o escudo seja pintado. Ser Piero encontrou trabalho remunerado para o filho.

Mas Leonardo não vê isso como uma oportunidade de ganhar dinheiro. E, sim, como uma oportunidade de ser extremamente Leonardo. Ele dá vida a um monstro fantástico no escudo. Como uma bruxa, usa pedaços de criaturas reais: morcegos, gafanhotos, cobras. Fixa suas diversas partes dissecadas no escudo. O cheiro quase o expulsa da sala.

Antes de Ser Piero voltar para pegar o escudo, Leonardo o posiciona de modo que um raio de sol o atinja diretamente, e quando Ser Piero entra na sala, vê um monstro surgir diante de seus olhos. O homem quase desmaia.

Ser Piero se recupera. Ele compra um escudo diferente para seu cliente em Vinci. E vende o monstro de Leonardo com um lucro enorme.

Leonardo provavelmente não vê um centavo do lucro. Tem outras coisas em mente. Elas não envolvem dinheiro. Quase nunca envolvem.

Medir o sol.

Observar o pé do ganso.

Observar o movimento ondular da água, como se assemelha ao cabelo.

Pedir ao mestre de aritmética para mostrar como se faz a quadratura de um triângulo.

Descrever o que é espirrar, o que é bocejar.

É isso que Leonardo tem em mente. Essas anotações são dos cadernos de Leonardo, que ele começa quando jovem e continua pelo restante de sua vida. São um registro obsessivo de seus pensamentos. Ele enche cada página com perguntas, desenhos, fatos, observações, piadas: o retrato de uma mente em chamas.

Há muitas listas de coisas que ele precisa saber, porque há muitas coisas que ele precisa saber:

Inflar os pulmões de um porco e observar se eles aumentam em largura e em comprimento, ou apenas em largura.

Dissecar um morcego.

Como fazem para andar no gelo em Flandres.
A lua é densa; tudo pesado é denso; qual é a natureza da lua?

Ele não precisa saber dessas coisas para algum propósito específico. E certamente não precisa delas para suas pinturas. Ele precisa saber delas porque, bem, ele precisa saber.

Quando Leonardo testa uma nova pena para escrever, ele rabisca a mesma palavra: "*Dimmi. Dimmi. Dimmi.*"

Diga-me. Diga-me. Diga-me.

Para Leonardo, o mundo é uma boneca russa: ao abri-la há outra boneca dentro, e dentro dessa boneca há *outra*, e dentro dessa, ainda mais outra: há bonecas até o fim. É assim que a mente de Leonardo funciona. Cada novo pensamento, cada nova observação, leva a outro, que abre outro, que leva até...

Dimmi. Dimmi. Dimmi.

Posteriormente, cerca de quinhentos anos depois, Leonardo é reconhecido como o homem com a curiosidade mais implacável da história. Isso tem suas desvantagens. Ele é péssimo em terminar qualquer coisa, porque, uma vez que se interessa por algo novo, perde o interesse no que estava fazendo antes. Completar algo (uma pintura, uma escultura, um projeto de engenharia) significa menos para ele do que o começar.

Ele nunca teve uma educação formal; nunca aprendeu latim, a língua do estudo acadêmico. E tenta dominá-lo. Como um jovem estudante, enche seus cadernos com palavras em latim, mas nunca chega a ter sucesso de fato. Ele se descreve como um "*uomo senza lettere*" — um homem sem letras.

Para Leonardo, isso é motivo de orgulho. Significa que ele enxerga o mundo sem ser cegado pelo que pensa já ser. Ele não tem suposições sobre o que algo é ou o que significa. Não tira conclusões precipitadas. Seus valores mais estimados são a observação e a experiência, é por isso que seus cadernos estão cheios de anotações como:

Descrever a língua de um pica-pau.

É uma boa maneira de viver.

Não é uma boa maneira de completar muitas pinturas.

FLORENÇA, 1479

LEONARDO DA VINCI MAL SAIU DE SUA FASE DE APRENDIZADO, MAS JÁ ESTÁ CLARO QUE NÃO É um artista comum.

Também não é um artista extraordinário. É algo completamente diferente.

Ele de fato tem habilidades técnicas incríveis (lembre-se do cabelo do anjo em *O batismo de Cristo*, o quadro que fez Verrocchio abandonar a pintura). Leonardo consegue pintar como um anjo. Poderia abrir o próprio estúdio e ter uma vida confortável.

Mas há mais nele do que isso. Os constantes rabiscos nos cadernos. O impulso de saber tudo. As perguntas.

Todos em Florença veem isso. Todos em Florença conhecem Leonardo.

Ele é notável. Usa mantos cor-de-rosa que esvoaçam às suas costas. Seus casacos são forrados com pele. Ele percorre as ruas com um séquito de admiradores.

Além disso, é bonito. Todos concordam com isso. Não lindo. Bonito. Seus cabelos caem em cachos longos e dourados, como os da Rapunzel, descendo até a metade do peito. Ele é alto e definido com músculos. Seus primeiros biógrafos o descrevem como tão forte que era capaz de entortar o aro de uma ferradura. Parece o Homem Vitruviano, que ele desenharia mais tarde: o humano perfeitamente proporcional cujos braços e pernas estendidos tocam os lados de um círculo. Mas ele é mais do que apenas fisicamente impressionante. Ele é gracioso e generoso, encantador sem fazer qualquer esforço, uma mão amiga para qualquer necessitado. Tem poucas posses, mas coleciona amigos por onde vai.

As anedotas são intermináveis.

Mas isso é verdade? Ou é bom demais para ser verdade?

As descrições de Leonardo parecem as de uma criatura mítica. Cada relato amplifica a lenda: a criatura se torna mais impressionante, mais fantástica (e mais difícil de acreditar). Mas os biógrafos de Leonardo, incluindo aqueles que o conheceram, repetem as mesmas coisas. Seus relatos convergem. Ele não é bom demais para ser verdade. É bom na medida certa para ser verdade. Ele é incrível, mas real (um narval, não um unicórnio).

Além disso, não é que Leonardo seja perfeito. Ele tem muitos defeitos. Seus rivais, e ele terá muitos, dirão que ele não é nada *além* de defeitos. Dirão que é só um rapaz bonitinho que não cumpre o que promete. Décadas depois, o grande Michelangelo encontra Leonardo em Florença e, em essência, diz exatamente isso.

Michelangelo é um babaca. (O consenso da história é que Michelangelo era um babaca.) Mas ele não está totalmente errado.

Às vezes, Leonardo de fato não consegue entregar o prometido.

Algo que começa com sua primeira encomenda.

Logo após deixar sua etapa de aprendizado, Leonardo recebe um convite para pintar um retábulo em uma capela do Palazzo Vecchio, a prefeitura de Florença. É uma boa encomenda, uma honra. Paga bem.

Há uma estranha coincidência em jogo aqui. Ao mesmo tempo que Leonardo recebe essa encomenda, uma menininha nasce a uma curta caminhada de distância. Ela é batizada de Lisa Gherardini.

Ela se tornará a *Mona Lisa.* E mudará a vida de Leonardo.

Leonardo poderia ter passado por ela na rua, envolta em linho branco. Se este fosse o tipo de história que acredita em coincidências estranhas, poderíamos dizer que o nascimento de Lisa Gherardini distrai Leonardo de seu retábulo. Que o acontecimento envia algum tipo de tremor pelo ar. Que seu futuro passa diante de seus olhos.

Mas esta história não precisa de coincidências estranhas: Leonardo é mais do que capaz de se distrair.

Ele começa o retábulo… e então se distrai. Os padres da capela do Palazzo Vecchio nunca recebem sua pintura. É bem a cara de Leonardo abandonar a primeira encomenda que já recebeu.

Lisa Gherardini também nunca receberá seu retrato.

A *MONA LISA* NÃO ESTÁ EM LUGAR ALGUM, A *MONA LISA* ESTÁ EM TODOS OS LUGARES

NO QUAL A *MONA LISA* SE RECUSA
A MOSTRAR O ROSTO E A NOVA CIÊNCIA
DO POLICIAMENTO VAI À CORTE

ALGUMAS TEORIAS MUITO SENSATAS

NOS DIAS APÓS O ROUBO, TODOS EM PARIS SABIAM QUEM HAVIA ROUBADO A *MONA LISA*.

Ou, pelo menos, todos tinham certeza de quem havia roubado a *Mona Lisa*. Ou, pelo menos, todos tinham certeza de que provavelmente sabiam quem havia roubado a *Mona Lisa*. Ou, pelo menos, todo mundo...

Paris era uma cidade de rumores selvagens e desenfreados.

"Os sentimentos estão aflorados com o caso por aqui", reportou o jornal *The New York Times*. "Um número extraordinário de teorias absurdas está sendo apresentado."

Todos em Paris poderiam lhe dizer que era óbvio o que havia acontecido. Só que todo mundo lhe dizia um óbvio diferente.

Era chantagem, obviamente.

Era sabotagem, obviamente.

Era obra de um louco, obviamente.

Era obra de um homem riquíssimo, obviamente.

Era obra do governo alemão (porque a Alemanha e a França estavam à beira da guerra por causa da colônia francesa do Marrocos).

Era obra do próprio governo francês (para distrair o público do fato de que a Alemanha e a França estavam à beira da guerra).

Era obra do próprio Louvre.

Era obra de um funcionário rebelde do Louvre que havia escondido a pintura dentro do museu.

Era obra de um alemão que fora visto na frente do Louvre na segunda-feira, comendo amendoins. (Suspeito!)

Era obra de jovens artistas alemães que haviam sido avistados recentemente *no* Louvre. (Duplamente suspeito!)

O crime foi executado por um homem (descrito como *muito agitado*) que embarcou em um trem com algo sob um cobertor de cavalo.

Foi executado por um homem (descrito como estando *com pressa*) que tinha perguntado a uma loja de antiguidades se estariam interessados em um retrato de uma velha mulher.

Não foi executado por ninguém. A coisa toda era uma enorme farsa.

Jornais consultaram videntes, ou clarividentes, sobre o paradeiro do quadro. O envolvimento dos videntes não era um bom sinal para a investigação. Eles definitivamente estabeleceram que a pintura estava em Nova York, ou Londres, ou no sul da França, pendurada na casa do dono de uma fábrica de refrigerantes.

Um clarividente disse que a pintura havia sido roubada por um homem-

-pássaro (uma pessoa *com um pescoço de avestruz e cabelo como penas*). Outro perguntou ao seu cachorro, Pilu, sobre a *Mona Lisa*. Segundo Pilu, a pintura ainda estava em Paris.

Alguém que não era nem um cachorro, nem um clarividente disse à polícia que a pintura estava no navio a vapor *La Champagne*, a caminho da América do Sul. (Navio revistado, nada de *Mona Lisa*.)

Outra pessoa disse que estava em um trem de carga na Bélgica, a caminho de um cofre na Holanda. (Trem revistado, nada de *Mona Lisa*.)

Outra disse que estava no transatlântico alemão *SS Kaiser Wilhelm II*, a caminho de Nova York: os alemães haviam roubado a *Mona Lisa* e a colocado em um navio nomeado em homenagem ao seu imperador, o mesmo imperador cujos navios ameaçavam os franceses em Marrocos. Era um ultraje, uma declaração de guerra, um...

O *Kaiser Wilhelm II* foi revistado. Nada de *Mona Lisa*.

Milhares de leitores escreveram para os jornais com suas teorias: a pintura estava na Rússia. Estava nos Estados Unidos. Estava na Alemanha, na Argentina, no Japão, no Brasil, no Peru, na Polônia. Estava em todo lugar. Não estava em lugar algum. Era enlouquecedor.

"Estamos lidando com um roubo de verdade", perguntou o *Paris-Journal*, "ou com uma brincadeira?"

"Isso vai além da imaginação", reclamou *Le Figaro*. "É tentador rir da situação como se fosse uma piada ruim. Mas logo vem a raiva."

Foi por volta dessa época que alguns músicos franceses trabalhando em um cassino no Mediterrâneo fizeram uma pausa em sua apresentação. Foram nadar. Enquanto estavam na água, encontraram uma garrafa flutuando ao lado deles. Havia uma mensagem nela.

A *Mona Lisa*, dizia a mensagem, havia sido jogada no mar e nunca mais seria vista.

Mesmo no oceano, era impossível escapar da *Mona Lisa*.

O LOUVRE É UMA CENA DE CRIME

RECENTEMENTE, A POLÍCIA DE PARIS HAVIA OBTIDO UM NOVO TRABALHO: SOLUCIONAR CRIMES. Durante séculos, a polícia não havia atuado nesse setor. Na França e em outros lugares, seu trabalho era manter a ordem, garantir que tudo permanecesse em paz e que nada mudasse. Quando resolviam crimes, muitas vezes era por acidente. Investigações eram tão propensas a acusar os inocentes quanto os culpados.

Mas esse novo século marcou o surgimento do que, com otimismo, era chamado de *ciência forense*. Tratava-se de uma maneira sofisticada de dizer que a polícia estava começando a descobrir como fazer o seu trabalho. Isso foi, em parte, graças a Louis Lépine, que havia reformado a polícia de Paris, introduzindo padrões profissionais em uma operação desordenada. As investigações passariam a ser realizadas com rigor, em vez de apenas intuição. Seriam científicas (daí a *ciência* forense).

De qualquer forma, essa era a ideia. A realidade era mais complicada. A realidade era menos científica.

Na busca pela *Mona Lisa*, Louis Lépine se juntou a Alphonse Bertillon, pioneiro no novo campo da ciência forense. Era a dupla dinâmica da criminologia prematura. Não havia no mundo duas pessoas melhores para resolver casos.

Mas eles tinham os próprios pontos cegos.

E, logo, esses pontos cegos dificultariam enxergar o que estavam procurando.

TERÇA-FEIRA, O DIA APÓS O ROUBO, PASSOU. QUARTA. QUINTA. SEXTA.

Nenhum turista entrou no Louvre. Nenhum copista, nenhum aspirante a ladrão, nenhum casal parisiense apaixonado. O Louvre estava fechado. O Louvre era uma cena de crime.

A polícia de Paris ocupou o museu, reivindicando o escritório do diretor Théophile Homolle como sua sede. O diretor não estava usando o local porque tentava voltar do México antes de ser demitido.

Ele conseguiu voltar a tempo. *E aí* foi demitido.

Homolle não estava sozinho. A perda da *Mona Lisa* foi um constrangimento nacional, e todos no poder tentavam voltar a Paris. Todos haviam fugido do calor de agosto. Agora, tentavam salvar a si mesmos e talvez também a *Mona Lisa*.

A primeira tarefa da investigação foi ao mesmo tempo incrivelmente fácil e incrivelmente difícil: a polícia tinha que ter certeza de que a *Mona Lisa* não estava mais no Louvre. A administração insistia que a pintura não havia saído do museu. Com certeza, alguém teria visto uma pintura de madeira saindo do museu, disseram. Com certeza. Quase dá para ouvir a administração tentando se convencer: *Com certeza.*

Cada centímetro do Louvre foi revistado: os cantos e recantos, os armários, os roupeiros e os cubículos. Foi uma tarefa enorme.

Lembre-se de que o Louvre é mais comprido do que a Torre Eiffel colocada ao lado de outra Torre Eiffel. A *Mona Lisa* era minúscula, do tamanho do turista mais magricelo e pequeno na Torre Eiffel.

Se um ser humano era capaz de se esconder no Louvre, um objeto do tamanho da *Mona Lisa* poderia desaparecer.

Parisienses mantiveram vigília fora do Louvre. Prestaram suas homenagens à desaparecida.

As portas permaneceram fechadas.

UMA COISA ESTRANHA ACONTECEU DURANTE A BUSCA PELA *MONA LISA*: O PRÓPRIO ROUBO SE tornou uma obra de arte.

Quando chamamos algo de *arte*, seja uma pintura, um vídeo ou um mictório (algo que as pessoas realmente chamaram de arte), estamos dizendo: *Isso é interessante. Olhe só.* A palavra *arte* é uma forma de marcar algo como digno de nossa atenção.

E nada exigia mais atenção do que o desaparecimento da *Mona Lisa.*

Nas semanas após o roubo, cada detalhe do dia 21 de agosto de 1911 foi examinado. Tudo que era estranho, tudo que era comum. Era como se os alienígenas enfim tivessem vindo à Terra, mas não quisessem nosso código genético, nossa água doce ou nossas guitarras. O que queriam era saber sobre o mês de agosto na Paris de 1911. Mas nós tínhamos que lhes contar *tudo*.

Na investigação, todos os detalhes daquele dia foram revelados. Foi uma reconstrução perfeita de um dia quase comum.

Os investigadores descobriram que um guarda fez uma longa pausa para fumar um cigarro. Que um guarda ficou em casa porque os filhos estavam com sarampo. Que um guarda em uma das entradas tirou um cochilo. Eles descobriram que a segurança era negligente, que quadros eram movidos sem autorização e que os fotógrafos do museu comandavam o lugar.

A equipe do Louvre foi interrogada. Não estavam felizes com isso. Já estavam ressentidos (pois pouco antes haviam perdido uma luta pela criação de um sindicato), e alguns pararam de falar com a polícia. O silêncio deles era suspeito. A menos que fosse normal. Quem sabe? Esse era o problema: ninguém sabia de nada, então até mesmo coisas normais eram encaradas com suspeita. O ato mais mundano, o visitante mais comum, poderia ser uma pista. Era emocionante e exasperante.

Isso certamente tornava difícil pensar com clareza. Quando o brigadeiro Paupardin foi interrogado pela polícia, em grande parte se lembrava do calor. Mas também tinha uma vaga lembrança de um visitante frequente do Salon Carré. Esse visitante era um jovem que tinha interesse especial na *Mona Lisa*. Talvez estivesse apenas interessado na *Mona Lisa*. Talvez interessado *demais* na *Mona Lisa*.

A polícia já estava se perguntando se a pintura havia sido roubada por um visitante apaixonado. A *Mona Lisa,* ao contrário de outras pinturas no Louvre, recebia cartas. Cartas de amor. Bilhetinhos apaixonados. Declarações. Pouco antes do roubo, um cartão-postal tinha sido enviado à *Mona Lisa*, aos cuidados do Louvre. "Eu te amo", declarava o cartão-postal. "Eu te amo. Eu te adoro. Eu te adoro." E assim continuava por um tempo.

Na França, uma terra de casos amorosos, parecia lógica, talvez até inevitável, essa explicação de que a *Mona Lisa* foi sequestrada por um pretendente.

A polícia questionou Paupardin, que disse que o pretendente da *Mona Lisa* era quieto e discreto. De fato, era um visitante de museu ideal. Mas — e esse foi o detalhe-chave que Paupardin contou à polícia — ele era alemão.

Um jovem apaixonado pela *Mona Lisa* era suspeito. Um jovem alemão apaixonado pela *Mona Lisa* era *extremamente* suspeito.

Um alerta foi emitido para todos os rádios e a polícia encontrou no sul da França alguém que correspondia à descrição do jovem alemão. Ele foi interrogado, mas não estava em Paris no dia 21 de agosto. Nem mesmo estava perto de Paris. Então foi liberado, e a polícia foi forçada a admitir que seu principal suspeito era alguém culpado apenas de observar a arte de um museu de arte.

Eles encontraram uma testemunha que tinha visto um homem sair do Louvre na manhã do roubo. A testemunha disse que o homem carregava um pacote retangular e que tinha jogado alguma coisa em uma vala. O lugar foi revistado e uma maçaneta foi encontrada (a mesma maçaneta que faltava na base da escadaria). Parecia um avanço. Só que a testemunha não sabia de mais nada. Quando perguntaram por uma descrição, disse que a pessoa era *comum*.

O avanço não havia levado a lugar algum.

Além disso, por que o ladrão se livraria da maçaneta onde o objeto poderia ser encontrado? Ele estava prestes a cruzar o Sena, o rio que atravessa Paris. Por que não jogar a maçaneta na água? Não fazia sentido. Ele era um ladrão tão ruim assim? Isso era impossível: havia acabado de roubar a *Mona Lisa*; *não podia* ser um ladrão tão ruim assim. Será que jogou a maçaneta ali para distrair a investigação? Era uma pista falsa? Não podiam confiar em nada?

Uma semana após o roubo, a polícia emitiu um breve relatório de progresso. A investigação havia estabelecido alguns fatos: primeiro, sem dúvida alguma a *Mona Lisa* não estava no Louvre. E, segundo, o roubo foi planejado e "executado com audácia inigualável".

Em uma jogada brilhante da polícia, a investigação havia confirmado o que todos já sabiam.

Em Paris, havia duas teorias.

A polícia não estava falando porque sabia exatamente o que estava fazendo.

A polícia não estava falando porque não tinha ideia do que estava fazendo.

Era totalmente possível que ambas as teorias fossem verdadeiras.

O HOMEM DO NOME ERRADO

DIFERENTE DE LOUIS LÉPINE, ALPHONSE BERTILLON, SEU PARCEIRO NA INVESTIGAÇÃO DA *MONA Lisa*, não tinha nenhum apelido.

Na verdade, nem mesmo tinha seu próprio nome.

Quando o pai de Bertillon registrou o nascimento do filho, não conseguia se lembrar do nome que ele e a esposa haviam escolhido. Tudo de que se lembrava era que começava com a letra *A*. Então chutou, e errou. O homem que deveria ser chamado Albert Bertillon passou a vida com o nome de Alphonse.

Alphonse Bertillon, o homem do nome errado, passaria a carreira tentando encontrar os nomes corretos de todas as outras pessoas. O problema de identificação atormentava a polícia. Apelidos (identidades falsas) quase sempre funcionavam, porque a polícia não tinha uma boa maneira de acompanhar quem era quem. Até a prática ser banida, criminosos condenados eram literalmente *marcados* como criminosos, a ferro quente, como gado. Era a única maneira de garantir que pudessem ser identificados após a liberação.

Era um sistema horrível e desumano. Quando Bertillon entrou para a polícia de Paris, era um candidato improvável para mudá-lo. Homem sarcástico e temperamental, ele havia sido expulso de três escolas diferentes. (Uma vez chegou a atear fogo na própria carteira.) Acabou ficando no departamento de identificação da polícia de Paris simplesmente porque havia fracassado em todos os outros lugares. Era um emprego sem perspectiva. As descrições nos arquivos do departamento deveriam ajudar a identificar suspeitos, mas eram vagamente cômicas: "Estatura: média. Rosto: comum." Era quase o mesmo que anotar "Homem". O trabalho era inútil.

Após anos de resistência interna, Bertillon converteu a polícia de Paris para um novo sistema, o qual modestamente chamou de sistema Bertillon. O homem propôs que a polícia tirasse uma série de medidas extremamente específicas (o comprimento da orelha direita, por exemplo, ou o comprimento do dedo médio esquerdo). O nariz foi dividido em várias seções: altura, largura e projeção. Com as medidas corretas, Bertillon acreditava que uma pessoa sempre poderia ser identificada. Era uma espécie de impressão digital antes da impressão digital; era mais como uma impressão *corporal*. Bertillon calculou que, se todas as medidas fossem tiradas de modo correto, havia uma chance em 4.191.304 de uma pessoa ser confundida com outra.

Bertillon se inspirou nas ferramentas da antropometria (o estudo das medidas do corpo humano). A antropometria tinha um histórico terrível. Fora usada para criar uma hierarquia de raças, com os europeus no topo e todo o restante na base. O estudo foi usado para justificar reivindicações racistas sobre grupos de pessoas. Mas Bertillon pegou uma ferramenta usada com frequência em outros grupos (outras raças, outras culturas) e a aplicou aos próprios franceses. Ele não estava interessado em grupos nem em raças. Estava interessado em *indivíduos*. Só queria ser capaz de identificar alguém que havia escapado da prisão.

Seu sistema era trabalhoso e muitas vezes frustrante, mas, se os técnicos fossem bem treinados, era bem melhor do que sistema nenhum. Agora, graças a Bertillon, a polícia poderia determinar se um homem que afirmava ser John Reynolds era na verdade Jack, o Estripador.

O sistema Bertillon foi apenas uma das conquistas do investigador. Ele padronizou a fotografia de rosto e a fotografia de cenas de crime, conquistas que já teriam garantido seu nome na história da polícia. A fama de Bertillon era tão grande que ele foi descrito em uma história de Sherlock Holmes como o maior detetive da Europa. O próprio Sherlock Holmes era o *segundo* maior.

De fato, quando o sistema Bertillon funcionava bem, parecia ter saído de uma história de ficção.

Um exemplo perturbador:

Mais ou menos uma década antes do roubo da *Mona Lisa*, um parisiense rico e respeitável chamado Charles Vernet tornou-se suspeito de um crime. O detetive do caso, Marie-François Goron, um homem cujo bigode era verdadeiramente formidável, estava convencido de que Vernet era um pseudônimo. Ele achava que Vernet era, na verdade, um criminoso chamado Simon, que havia matado alguém uma década antes.

A teoria de Goron tinha alguns problemas. Primeiro, Simon havia sido condenado pelo assassinato e sentenciado a vinte anos de trabalho na Ilha do Diabo, uma prisão francesa na costa da América do Sul. Além disso, e este era um segundo problema de magnitude considerável, Simon estava morto. Junto com um parceiro, ele havia fugido da Ilha do Diabo, mas não conseguiu chegar à América do Sul. Um corpo foi encontrado: não era possível identificá-lo, mas estava usando a jaqueta e o número da prisão de Simon.

Mas Goron se perguntou: e se Simon tivesse matado seu parceiro e trocado de jaqueta com ele? E se Simon tivesse forjado a própria morte?

Goron acreditava que, se medisse Vernet, se usasse o sistema Bertillon, poderia provar que Vernet era na verdade Simon. A polícia já tinha as medidas de Simon. Elas só tinham que ser as mesmas.

No entanto, Vernet era rico e tinha muitos contatos. Goron não podia simplesmente prendê-lo e medi-lo com base em uma teoria extravagante. Ele já havia sido avisado para não investigar o homem. Em vez disso, teria que enganar Vernet.

Uma oportunidade surgiu na forma de um congresso de que Vernet planejava participar. O congresso teria apresentações sobre os últimos desenvolvimentos científicos, incluindo uma invenção inovadora chamada cinematógrafo. Goron conseguiu ser convidado para falar sobre o sistema Bertillon. Quando ele se levantou para dar sua palestra, explicou que estaria demonstrando essa nova ciência da identificação. Alguém se voluntaria?

Ao observar uma fileira de membros da elite da sociedade, viu Vernet saindo da sala.

Goron já havia visto Vernet antes e agora o chamou.

— *Monsieur* Vernet, não vá embora. Venha ter suas medidas tiradas.

Vernet não podia simplesmente fugir. Pois isso geraria uma má impressão; fugir pareceria uma admissão de culpa. O homem forçou um sorriso e recusou de modo educado.

— Já vi isso ser feito antes — respondeu ele.

Goron aumentou sutilmente a pressão.

— Senhoritas — disse ele a duas garotas norte-americanas perto de Vernet —, podem prendê-lo e trazê-lo até mim.

Elas riram e agarraram Vernet, que agora era o centro das atenções.

— Isso é uma piada? — resmungou ele.

— É parte da diversão! — rebateu Goron, fingindo que estava brincando.

Vernet cedeu. Goron o mediu com cuidado, o tempo todo fingindo que estava apenas demonstrando o sistema. Depois, com discrição, levou o homem a uma sala separada e o prendeu. As medidas coincidiram: Vernet *era* Simon.

Vernet confessou logo depois.

Era exatamente o que a noite havia prometido: uma demonstração pública muito clara dos últimos desenvolvimentos científicos. Era o tipo de história que tornava o sistema Bertillon, e o próprio Bertillon, uma lenda.

A NOVA ERA DO POLICIAMENTO CIENTÍFICO FOI CONSTRUÍDA COM BASE EM NÚMEROS. FOI ISSO que condenou Vernet.

Mas não havia medidas para o ladrão da *Mona Lisa*. E havia outro tipo de história sobre Alphonse Bertillon, uma que sugeria que, sem dados bons, as coisas terminariam de maneira muito infeliz.

Esta outra história foi a narrativa de um fracasso humilhante. Louis Lépine precisava encontrar a *Mona Lisa* porque era Louis Lépine. Mas Alphonse Bertillon precisava encontrar a pintura para *se tornar* Alphonse Bertillon outra vez.

Ele havia decaído muito.

Cerca de quinze anos antes de a *Mona Lisa* ser roubada, o governo francês descobriu um espião em seu meio. Pior ainda, o espião trabalhava para o governo alemão, fornecendo a eles informações sobre o exército francês. Era traição da mais alta ordem.

A suspeita logo se voltou para o capitão Alfred Dreyfus, por algumas razões extremamente ruins. Primeiro, a caligrafia de Dreyfus se parecia um pouco com a escrita em uma nota que havia sido enviada aos alemães. Segundo, Dreyfus era judeu.

A segunda razão sozinha já era suficiente. Havia uma onda de antissemitismo na França e os jornais antissemitas instigavam os leitores a uma histeria. Multidões marchavam. Dizia-se que apenas a condenação criminal de Dreyfus seria capaz de salvar a França.

O governo francês estava tão desesperado por uma condenação que forjou evidências contra Dreyfus. A lógica era: Dreyfus era culpado. Todos sabiam disso. A evidência forjada apenas garantiria que ele fosse *julgado* como culpado.

Alphonse Bertillon, que não sabia nada sobre a falsificação, testemunhou no julgamento de Dreyfus. Seu trabalho era provar que a caligrafia de Dreyfus combinava com a nota incriminadora, e então ele assumiu o posto com uma exibição desconcertante de gráficos e diagramas pseudocientíficos. Bertillon não era um especialista em caligrafia, mas sua confiança era inabalável.

Um julgamento justo era impossível. Dreyfus foi condenado. A crise havia terminado.

Exceto que, alguns anos depois, o governo francês descobriu que os alemães *continuavam* recebendo informações internas. Sem dúvida não vinha de Dreyfus, que à época cumpria pena perpétua na Ilha do Diabo, a antiga casa de Simon.

A descoberta lançou a França no caos. Metade do país acreditava que Dreyfus havia sido incriminado injustamente; a outra metade pensava que ele deveria ser condenado à morte. Outro julgamento foi realizado e, mais uma vez, Bertillon testemunhou, com a mesma convicção absoluta.

— A prova está aqui e é irrefutável — disse ao tribunal.

Na verdade, a prova não estava lá e era facilmente refutável. As pessoas no tribunal riram de Bertillon. Terceiros examinaram suas evidências. O veredito deles não foi gentil. A prova de Bertillon, disseram, não provava nada.

Dreyfus, de um jeito inacreditável, foi considerado culpado de novo. Mas agora era óbvio que ele era uma vítima, não um criminoso. E logo seria perdoado.

No fim do caso, a reputação de Bertillon estava extremamente queimada. Ele tinha presumido que Dreyfus era culpado. Tinha torcido para que Dreyfus fosse culpado. Tinha se recusado a mudar de ideia.

O trabalho de Bertillon representava o início da ciência forense. Mas o caso Dreyfus revelou um verdadeiro perigo escondido pela palavra *ciência*. Chamar esse tipo de policiamento de *ciência* poderia encobrir o que de fato estava acontecendo, e o que de fato estava acontecendo era, muitas vezes, apenas um emaranhado de suposições.

Suposições disfarçadas de ciência.

Até mesmo os melhores investigadores poderiam não perceber que estavam se baseando em suposições. Poderiam imaginar que tinham pistas reais.

Poderiam seguir por um caminho muito, muito errado.

É PRECISO UM LADRÃO PARA PEGAR UM LADRÃO

NO DIA EM QUE A *MONA LISA* FOI DADA COMO DESAPARECIDA, O *PARIS-JOURNAL* PERGUNTOU:

ARSÈNE LUPIN ESTÁ VIVO?

MONA LISA *DESAPARECIDA DO LOUVRE!*

Arsène Lupin era um infame ladrão cavalheiresco dotado de boas maneiras e maçãs do rosto perfeitas. Ele preferia um smoking e um chapéu alto de seda preta, mas era mestre em disfarces e um verdadeiro artista de fuga. Por anos iludiu as autoridades. A marca registrada de seus crimes era a pura e irritante astúcia.

Lupin tinha um limite que não ousava ultrapassar: o assassinato. Já Fantômas ultrapassava todos os limites. Ele era um criminoso sem piedade (uma peste, não um cavalheiro), e bastava seu nome para paralizar a polícia. Uma única e assustadora palavra: Fantômas.

Era uma época aterrorizante… ou teria sido, se Lupin e Fantômas fossem reais.

Mas não eram reais, e sim personagens de histórias; só existiam no papel. Mas, para muitos parisienses, Lupin e Fantômas pareciam tão reais quanto qualquer pessoa na rua. Cada novo capítulo de suas aventuras vendia tão rápido quanto era impresso. O público clamava por mais.

Na Inglaterra, os leitores queriam detetives como Sherlock Holmes.

Na França, os leitores estavam do lado dos ladrões.

Lupin e Fantômas pareciam tão reais que borravam a linha entre fato e ficção. Talvez o ladrão da *Mona Lisa* tivesse se inspirado em Arsène Lupin! Ou talvez o ladrão *fosse* Arsène Lupin!

Essa confusão entre o que era real e o que era imaginário ofuscou a investigação da *Mona Lisa.* Mas tais confusões tinham começado mais de um século antes, com um outro mestre dos disfarces.

Sua história era verdadeira. Era estranha demais para não ser.

NASCIDO EM 1775, QUINZE ANOS ANTES DE UMA revolução devastar a França, Eugène François Vidocq teve uma breve e desastrosa carreira como soldado, a qual ele largou. Era melhor no crime.

O homem tinha talento. Mudava de identidade com tanta facilidade quanto as pessoas trocam de roupa, e, quando pego, era quase impossível mantê-lo na prisão. Certa vez, ele escapou de uma prisão na qual os presos usavam correntes de ferro pesadas nas pernas e nos braços o tempo todo. Mas sua sorte se esgotou e, quando foi pego pela última vez, Vidocq ofereceu um acordo à polícia: se fosse solto, abandonaria o crime e trabalharia para *eles*. Tornaria-se um informante. Tinha contatos por toda parte.

Foi o melhor acordo que as autoridades já fizeram.

O esquema de Vidocq funcionou tão bem que ele convenceu a polícia de Paris a torná-lo chefe de uma nova unidade secreta. Pela primeira vez, os policiais não iriam parecer policiais. Se pareceriam com... bem, ninguém teria ideia de como eles se pareceriam: piratas com tapa-olho, batedores de carteira mancos, soldados cheios de cicatrizes.

Foi um grande sucesso, mas a ideia de ter policiais que não se vestiam como policiais parecia errada para muitos oficiais. Em especial, parecia errado que esse novo ramo da lei fosse dirigido por pessoas que haviam desrespeitado a lei. Vidocq não contratava criminosos de vez em quando. Ele *só* contratava criminosos. O ditado "É preciso um ladrão para pegar um ladrão" não era apenas um ditado para Vidocq, era toda a sua estratégia. "Eu preferia homens com um passado com um pouco de fama", dissera uma vez.

Muitas pessoas desconfiavam deles. Se esses homens *costumavam* ser criminosos, talvez ainda fossem. Talvez Vidocq também fosse! Talvez todos eles estivessem desrespeitando a lei enquanto simultaneamente *eram* a lei!

Mais cedo ou mais tarde, a desconfiança se tornou sufocante. Vidocq foi afastado. E então se vingou fundando a primeira agência de detetives particulares do mundo. Ele foi o primeiro a usar qualquer tipo de método científico na vigilância. Associou balas a armas; usou moldes de gesso para identificar pegadas. A ciência forense usada por Bertillon e Lépine foi inventada por Vidocq.

A história dele era irresistível. E inspirou o escritor norte-americano Edgar Allan Poe, que inspirou Arthur Conan Doyle, que criou Sherlock

Holmes. Em seu épico *Os miseráveis*, Victor Hugo usou Vidocq como modelo para Jean Valjean *e* para o inspetor Javert: o condenado *e* a lei.

Vidocq teve uma vida que parecia ficção, mas era fato. E então os maiores escritores da época transformaram esse fato em ficção. O limite entre fato e ficção estava tão confuso que era difícil até mesmo distingui-lo.

TUDO ISSO SIGNIFICAVA QUE, QUANDO LOUIS LÉPINE E ALPHONSE BERTILLON INVESTIGARAM O roubo da *Mona Lisa*, eles o fizeram ao lado de uma força policial de detetives fictícios e uma gangue de ladrões fictícios.

Esses ladrões fictícios (Lupin e Fantômas eram os primeiros na lista) estabeleceram um alto padrão. Eles eram astutos e sagazes; estavam sempre vários passos à frente da lei. Detetives de verdade como Lépine e Bertillon começaram a antecipar esse tipo de engenhosidade de ladrões de verdade, em especial na assim chamada classe superior e refinada de crimes.

Tais ladrões eram adversários dignos. Qualquer tolo poderia resolver um crime simples, assim se pensava, mas seria necessário um crime brilhante para que um detetive inteligente de fato mostrasse seu valor.

Um exemplo vívido: os roubos de joias mais estranhos da história, um ano antes do desaparecimento da *Mona Lisa*.

O crime em si era comum: joias preciosas haviam sido roubadas de casas abastadas em Lyon, na França. Mas, em vez de ocorrerem na escuridão noturna, os roubos aconteceram em plena luz do dia. Ainda mais desconcertante: apenas uma única joia havia sido levada de cada vez. Inúmeras joias foram deixadas para trás.

Em cada caso, o ladrão havia entrado por uma janela de um piso superior. Mas como? E em plena luz do dia?

O detetive designado para o caso era Edmond Locard, um dos primeiros criminologistas. O lema de Locard era: "Todo contato deixa uma marca." O homem acreditava em um método de identificação completamente novo: a impressão digital. (Ele até chegou a queimar os próprios dedos para ver se suas impressões digitais mudariam. Não mudaram.)

Ao investigar os roubos, Locard encontrou impressões digitais, mas elas não se pareciam com nenhuma que já havia visto antes.

Um detetive inferior teria pensado que eram impressões digitais ruins. Um detetive inferior teria passado para um caso que fizesse mais sentido.

Em vez disso, Edmond Locard pediu a todos os tocadores de realejo de Lyon (artistas de rua que tocavam uma espécie de órgão portátil) que se apresentassem à delegacia. E acrescentou que deveriam trazer seus macacos. Os tocadores de realejo costumavam se apresentar com um macaco cativo, que fazia truques e coletava dinheiro.

Locard não coletou as impressões digitais dos tocadores de realejo, e sim as dos *macacos*. E assim encontrou uma correspondência exata.

O macaco foi para o zoológico. O dono, para a prisão.

Em 1911, esse tipo de brilhantismo contraintuitivo era esperado tanto do ladrão quanto do detetive.

Lépine e Bertillon estavam cientes das expectativas a que deveriam atender.

UM AVANÇO NO CASO

OS MILHARES DE PISTAS QUE A POLÍCIA RECEBEU SOBRE A *MONA LISA* ERAM FALSAS. NÃO levavam a lugar algum.

Nos dias após o roubo, no entanto, Alphonse Bertillon e Louis Lépine conseguiram extrair algumas pistas do próprio Louvre.

A primeira era a moldura.

Lembre-se da moldura antiga da *Mona Lisa*, abandonada na escadaria. Agora, ignore a moldura. Concentre-se no vidro: o controverso painel reflexivo.

Um ser humano é coberto por glândulas sudoríparas: uma seção de cinco centímetros quadrados da mão humana contém milhares delas. Essas glândulas resfriam o corpo e lubrificam a pele. Quando o suor passa pela pele, deixa um registro preciso do corpo pelo qual passou.

Na manhã de segunda-feira, 21 de agosto, todos em Paris estavam suando. Quando o ladrão da *Mona Lisa* colocou a moldura na escadaria, deixou o padrão de seu suor para trás.

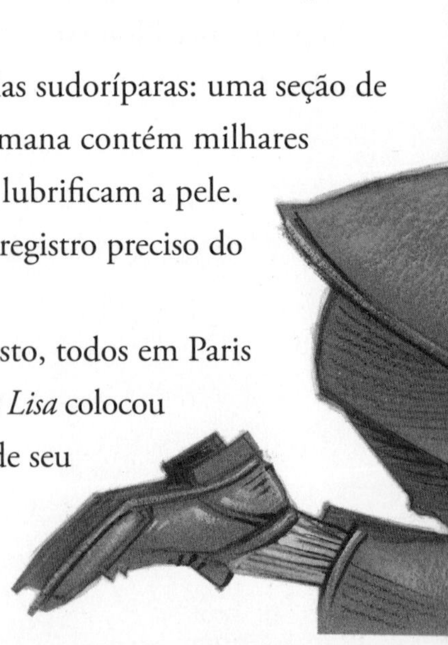

Como um espelho mágico em um conto de fadas, o vidro refletiria a última pessoa que o segurou. O vidro resolveria o crime que tinha testemunhado.

O painel era duro e liso, a superfície, perfeita para uma impressão digital, e Bertillon era muitíssimo bom em achar impressões digitais. Assim que a moldura foi encontrada, o homem se ajoelhou ao lado dela, segurando-a com um lenço branco para protegê-la das próprias impressões digitais. Com a outra mão, segurava uma lupa e a passava lenta e metodicamente por cada centímetro da moldura e do vidro.

A lupa parou na metade do caminho no lado esquerdo. Lá estava: um instante particular do tempo e uma única partícula de suor perfeitamente preservados.

Bertillon tinha terminado apenas em parte. Pegou um pincel de pelo de camelo, uma ferramenta extremamente delicada, e passou pó de granito sobre o vidro. Agora, tinha um registro permanente dos redemoinhos e sulcos que eram bastante específicos. Era de um polegar, como se descobriu depois, e nenhuma outra impressão digital de polegar se pareceria exatamente com aquela.

Essa técnica (o uso de impressões digitais para identificar uma pessoa) era muito recente.

E Bertillon a odiava.

Alphonse Bertillon acreditava que já havia resolvido o problema da identificação com o sistema Bertillon, que batizara em sua própria homenagem. Seu sistema funcionava bem na identificação de criminosos com nomes falsos e passagens anteriores pela prisão. Também funcionava muito melhor do que o sistema de identificação que havia substituído, que era não ter sistema de identificação algum.

Mas o sistema Bertillon tinha sérios problemas. Era difícil demais de implementar: profissionais distintos medindo a mesma pessoa às vezes obtinham resultados diferentes. Era necessário tempo e habilidade para fazê-lo bem. Além disso, havia a possibilidade de que, embora fosse muito raro, pessoas pudessem ter as mesmas medidas.

As impressões digitais resolveram os dois problemas.

A ideia por trás disso, de que cada humano tem uma impressão digital única que não pode ser alterada, foi proposta pelo médico escocês Henry Faulds. Durante décadas, Faulds tentou sem sucesso convencer alguém, qualquer pessoa, de que ele havia descoberto um novo sistema de identificação. O médico foi ignorado por anos, até que por fim as ideias foram roubadas dele (por Francis Galton, primo de Charles Darwin). Depois ele foi ignorado de novo. Por quase um século, o inventor de um método para identificar pessoas nunca foi devidamente identificado.

Quando Bertillon se ajoelhou para retirar uma impressão digital da moldura da *Mona Lisa*, seu método de medição estava sendo usado pelo mundo. Mas a identificação por impressões digitais estava em ascensão e começava a substituir o sistema Bertillon. Apenas alguns anos antes, um caso de assassinato na Inglaterra tinha sido resolvido com base em nada *além de* impressões digitais.

Bertillon havia elevado o trabalho de detetive aos padrões científicos. Seu próprio trabalho deveria ser independente e rigoroso. Mas Bertillon estava mudando. Sempre tinha sido teimoso, algo que ficou claro no caso Dreyfus, mas agora estava se tornando uma caricatura de si mesmo. Ele acreditava em *seu* sistema, não nessa invenção de impressões digitais. No entanto, concordou em adicionar impressões digitais a seus cartões Bertillon.

O problema era que os cartões ainda estavam organizados de acordo com as medições do sistema Bertillon. Na Inglaterra, já era possível pesquisar por meio de impressão digital; um sistema de classificação complexo significava que uma nova impressão digital poderia ser comparada em minutos com impressões digitais semelhantes já arquivadas. Em Paris, por causa de Bertillon, as impressões digitais eram impossíveis de serem pesquisadas. A única maneira de combinar uma impressão digital com outra era pela sorte. E, como havia quase um milhão de entradas nos arquivos de Bertillon, o detetive teria que ter *muita* sorte.

Mas a impressão digital no vidro ainda poderia ser útil. Se Bertillon suspeitasse de alguém, poderia coletar as impressões digitais da pessoa e ver se correspondiam.

No entanto, não teria como coletar as impressões digitais de todos em Paris. Teria que reduzir o escopo.

E foi por isso que a outra pista foi tão importante.

Na semana após o roubo, enquanto o Louvre estava fechado, Bertillon organizou para que outra pintura fosse colocada no lugar da *Mona Lisa*. Esta pintura seria fixada na parede exatamente da mesma maneira. Mesma moldura. Mesmo vidro. Mesmos ganchos.

Então seria roubada.

Bertillon encenou um falso roubo, uma recriação do roubo original.

Seu primeiro grupo de "ladrões" não sabia nada sobre o Louvre e teve dificuldades para tirar a pintura da parede. Conseguiram após um tempo agonizante: cinco minutos. O Louvre era mal vigiado. Em especial em uma segunda-feira de manhã, no auge de agosto. Mas cinco minutos eram, para qualquer museu, tempo demais para se passar arrancando uma pintura da parede.

O segundo grupo de "ladrões" trabalhava no Louvre e sabia como a pintura estava pendurada na parede. Eles conseguiram soltá-la em cinco segundos.

Cinco segundos.

A conclusão era óbvia: foi um trabalho interno.

TUDO QUE
É POSSÍVEL FAZER

NO QUAL LEONARDO FOGE DA CIDADE
E NÃO CONSEGUE ESCULPIR UM CAVALO ENORME

FLORENÇA, 1481

QUINZE ANOS DEPOIS DE CHEGAR A FLORENÇA, LEONARDO RECEBE UMA ENCOMENDA PARA outro retábulo. Dessa vez, para um mosteiro nos arredores da cidade. Ele já é famoso por abandonar seus trabalhos, então o contrato exige que Leonardo termine a pintura ou fique sem pagamento.

Leonardo fica sem dinheiro antes mesmo de começar o retábulo. Ele compra comida e vinho a crédito. Precisa pedir dinheiro emprestado até para comprar a tinta. Em troca de lenha, decora o relógio do mosteiro.

Leonardo da Vinci está trabalhando por *gravetos*.

De algum modo, ele entrega uma pintura extraordinária: *A adoração dos magos*. É uma antiga cena bíblica, mas Leonardo dá nova vida a ela. Sua versão transborda de emoção. É enorme, tem quase dois metros e meio de largura e comprimento. Cada centímetro é cheio de movimento.

Exceto que: não é realmente uma pintura. É um rascunho, algo que chamam de *subpintura*.

Hoje essa pintura (essa *sub*pintura) está entre as obras de arte mais famosas na Uffizi, a galeria de Florença repleta de pinturas famosas.

É retratada como a pintura inacabada mais influente de toda a história da arte.

Ficou inacabada pois Leonardo a abandona. Está cansado de Florença. Ele é um gênio, todos sabem que é um gênio, mas também é um fracasso. Não consegue encomendas e, quando surge alguma, não é capaz de terminá-las. Não consegue se forçar a ficar na cidade, nem mesmo para terminar o retábulo. Talvez *especialmente* para terminar o retábulo. Afinal de contas, ele já havia pensado em todo o projeto. Para Leonardo, o santo padroeiro da distração, não há necessidade de terminá-lo.

Ele empacota o manto cor-de-rosa. Os Médici, a família governante de Florença, poderiam convencê-lo a ficar; poderiam lhe dar dinheiro e fazerem novas encomendas. Mas não o fazem.

Leonardo da Vinci, o grande gênio do Renascimento Florentino, deixa a cidade.

Está de olho em Milão, a cidade-Estado do norte governada pelo duque Ludovico Sforza. O duque é impaciente e ambicioso. E também gasta dinheiro de forma extravagante. Está reunindo uma corte a seu redor, um Renascimento Milanês.

Leonardo escreve uma carta ao duque, pedindo para servir à corte. A carta é uma petição de patrocínio, uma espécie de candidatura a um emprego. Nela, Leonardo apresenta seu currículo.

Ele inventa tudo.

Sabendo que o duque apreciaria conhecimento militar, Leonardo diz que é um engenheiro capaz de cavar túneis subterrâneos. (Não é.) Diz que consegue destruir qualquer fortaleza, mesmo uma fundada em rocha sólida. (Não consegue.) Diz que sabe construir canhões, catapultas e outros maquinários de guerra. (Não sabe.) Diz que pode fazer o mesmo para guerras no mar. (Também não pode nada disso.) Diz que pode fazer "veículos blindados" para atacar exércitos inimigos. (Ele disse *veículos blindados*?)

"Em suma", conclui Leonardo, com modéstia, "posso conceber uma variedade infinita de máquinas para ataque ou defesa."

Uma *variedade infinita.*

Enfim, Leonardo é Leonardo. Não é sensato apostar contra ele, pois certamente tem *planos* para muitas dessas coisas. Mas ainda não fez de fato nenhuma delas. A coisa educada a ser dita sobre essa carta é que ela exala confiança. A coisa correta a ser dita é que ela é delirante.

Bem no final da carta, Leonardo lembra algo que de fato consegue fazer:

"Também sou capaz de fazer esculturas em mármore, bronze ou argila. Na pintura, consigo fazer tudo o que for possível fazer, tão bem quanto qualquer outro homem, quem quer que ele seja."

Tudo o que for possível fazer.

Essa parte da carta é verdadeira.

QUANDO LEONARDO DA VINCI CHEGA À CORTE DE MILÃO, ELE NÃO É APRESENTADO COMO PINTOR, escultor, engenheiro ou mesmo matemático.

É apresentado como *músico.*

Leonardo é de fato um virtuoso da lira, uma espécie de viola antiga. Ele canta e improvisa os próprios poemas enquanto toca.

Hoje, existe um termo para essa gama de talentos: um *homem renascentista.* Isso significa alguém que é bom em várias coisas que não têm nada a ver uma com a outra. Leonardo é o homem renascentista original.

Ele sabe como causar uma impressão. E aparece perante a corte de Milão com uma lira de prata em forma de crânio de cavalo. Ele mesmo a fez. É uma coisa extremamente Leonardo de se fazer.

Funciona. Ele recebe uma calorosa recepção em Milão.

MILÃO NÃO FICA LONGE DE FLORENÇA. SÃO POUCO MAIS DE TREZENTOS E VINTE QUILÔMETROS ao norte.

Mas, no século XV, pequenas distâncias são monumentais. A língua falada em Milão soa diferente; a paisagem é outra. Um visitante de Florença é um visitante de uma terra distante. Milão também é maior e mais movimentada do que Florença. É a casa de muitos estudiosos: matemáticos, filósofos, médicos. Exatamente as pessoas que Leonardo deseja ver.

A música de Leonardo desperta o interesse da corte. Sua carta chama a atenção do duque. E ele ficará em Milão por quase vinte anos. Lá, fará pinturas, mas passará mais tempo fazendo… bem, várias outras coisas.

Em Milão, os cadernos de Leonardo começam a transbordar.

Descrever a mandíbula de um crocodilo.

Descrever os primórdios de um ser humano quando ainda está no útero.

Descrever como as nuvens são formadas, como elas se dissolvem, o que faz o vapor subir das águas da terra para o ar, as causas das névoas e…

Diga-me.

Leonardo não pensa da maneira como as pessoas ao seu redor pensam. Ele começa com o

mundo: observa o que está em seu entorno. Então, raciocina: encontra uma teoria que explica suas observações. Por fim, testa a teoria.

A maioria das pessoas da época trabalha no sentido *contrário*. Não começam com o mundo; começam pela teoria. Para muitas pessoas no Renascimento, o que torna algo verdadeiro é se faz sentido de forma *abstrata*. Elas acreditam que a pessoa conhece o mundo ao se separar do mundo. Não começam com o mundo em si. Começam com o mundo em suas cabeças.

Mas há um problema com esse método: O mundo na cabeça deles pode ser muito diferente do mundo *real*. A teoria deles pode acabar sendo verdadeira apenas em suas cabeças, e em nenhum outro lugar.

Leonardo não comete esse erro. Sempre começa com o mundo: primeiro, observa.

Em Milão, ele faz um registro meticuloso do corpo humano. Imagine-o indo para lá e para cá usando o manto cor-de-rosa, com um barbante de medição pendurado no pescoço, enunciando medições. Cada pessoa é diferente, mas Leonardo descobre que suas *proporções* são as mesmas:

— O espaço entre a boca e a base do nariz é um sétimo do rosto... O espaço da boca até o fundo do queixo é um quarto do rosto e igual à largura da boca.

Ele continua:

— O dedão do pé é a sexta parte do pé... Quando o braço está dobrado, a parte carnuda encolhe para dois terços de seu comprimento...

Começando com especificidades, ele descobre algo muito mais geral.

Será que toda essa medição, essas observações minuciosas, era para ajudá-lo a pintar melhor? Ninguém mais na época pensa que isso é necessário. Michelangelo não passa seu tempo medindo pessoas.

Talvez Leonardo seja apenas curioso. É encantado pela física e pela matemática, pela cirurgia e pela medicina, pela filosofia e pela engenharia. Ele esboça infinitas ideias para invenções: um submarino aqui, um canhão movido a vapor ali. Poucas delas um dia existirão. São vislumbres do que poderiam ser.

Ele pensa seriamente sobre o problema do voo e anota ideias para a construção de um helicóptero. Projeta um paraquedas. Ele mesmo pode ter tentado voar. Um jovem matemático em Milão escreve que Leonardo tentou e *fracassou*. Independentemente de ter feito isso ou não, a tentação deve ter sido enorme. Havia novos reinos de conhecimento no ar.

Em terra firme, ele cria espetáculos para o duque. Essa é uma época de festivais e carnavais, de encenações teatrais extraordinárias. É esperado que cada extravagância supere as predecessoras; nenhum gasto é poupado.

Leonardo, até onde sabemos, gosta dessa parte do trabalho. Gosta de criar esses efeitos especiais: quanto mais estranhos e mais difíceis, melhor. Em um caderno, escreve: "Ferver cinco quilos de conhaque até evaporar, mas certifique-se de que o quarto esteja completamente fechado e jogue um pouco de verniz em pó entre os vapores. Então entre no quarto repentinamente com uma tocha acesa e, de imediato, tudo pegará fogo."

Ele não está bravo por não estar pintando. Ele é Leonardo: de qualquer modo, já passa a maior parte de seu tempo sem pintar. Ele nunca vive para a posteridade, e não faz ideia de que as gerações futuras lamentarão não ter mais obras de arte dele. Terminar algo, garantir que vai perdurar: as pessoas vão dizer que esses não são os pontos fortes de Leonardo. Mas isso é injusto. É mais como se essas coisas não fossem tão importantes para Leonardo.

Ele já tem coisas suficientes em sua cabeça e, em Milão, essa cabeça está fervilhando. Ele está feliz aqui. Nunca vai sair da cidade.

As chances de a *Mona Lisa* ser pintada, que já são baixas, diminuem ainda mais.

MILÃO, 1493

EM MILÃO, LEONARDO RECEBE A ENCOMENDA DE ESCULPIR A ESTÁTUA DE UM CAVALO, UMA homenagem ao pai do duque.

Leonardo esboça uma estátua monumental, com cerca de oito metros de altura. Decide fundi-la em uma única peça. Isso exigirá oitenta toneladas de metal fundido em um único molde. Ninguém havia feito isso até então, e não está claro se é possível. Qualquer defeito, qualquer fraqueza, e a estátua vai quebrar. Há uma maneira mais fácil. Leonardo poderia fundir o cavalo em peças e estas poderiam ser unidas com perfeição. Como o cavalo é muito grande, faz sentido fundi-lo em diferentes peças.

Mas Leonardo não quer.

Isso é apenas parte do problema. A outra parte é que Leonardo quer que seu cavalo seja ao mesmo tempo colossal e realista. Quer que cada músculo esteja correto, cada veia. Para conseguir esse efeito, a maioria dos artistas observaria cavalos, e Leonardo faz exatamente isso.

Mas ele também disseca cavalos. Depois, escreve *um livro inteiro* sobre a anatomia dos cavalos.

Isso tudo é só a preparação.

Enfim, Leonardo constrói um modelo de argila do cavalo para fazer o molde para a fundição. E então o modelo se torna a maravilha de Milão. Assim como o próprio Leonardo.

"Nem Grécia, nem Roma jamais viram algo tão grandioso", escreve um residente de Milão. "Veja como este cavalo é bonito. Leonardo da Vinci o criou sozinho. Escultor, pintor refinado, matemático exímio, é raro que os Céus concedam um intelecto tão potente."

Tudo está dentro do cronograma, o que significa que está tudo muito atrasado. É Leonardo; não existe um cronograma de verdade. Mas tudo está bem, tudo está certo (até que os franceses invadem). Liderados pelo rei Carlos VIII, os exércitos franceses descem pela península italiana. Após inicialmente ajudar Carlos, o duque se volta contra ele. Para vencer a guerra, porém, ele precisa de mais canhões. E, para fazer canhões, precisa de metal.

Imagine o duque procurando por bronze, o material de que ele tão desesperadamente precisa, e descobrindo que cerca de *oitenta toneladas* estão reservadas para a estátua de um cavalo.

O bronze é derretido. Os canhões são feitos. A estátua, não.

Leonardo fica de coração partido. Em seus papéis, há uma carta que ele escreve e não envia ao duque. Está rasgada ao meio. No final, lê-se:

E do cavalo não direi nada pois conheço os tempos...

Anos mais tarde, quando os franceses chegam a Milão, usam o modelo de argila para treinar tiro ao alvo, que se despedaça em milhares de pedaços. É uma tragédia, mas também fazia meia década desde que Leonardo havia recebido a encomenda.

Quando Michelangelo caçoa Leonardo por não entregar o trabalho, é nisso que ele se concentra:

— *Você tinha oitenta toneladas de bronze e ainda assim não conseguiu terminar essa estátua, seu tolo.*

Michelangelo está sendo injusto. (Michelangelo está sendo um babaca. Todos concordam que Michelangelo era um babaca.) A estátua era um projeto sem precedentes.

Mas Michelangelo também tem um pouco de razão.

Leonardo teve tempo. Tinha os materiais. E acabou sem nada.

PARA SEU ATO SEGUINTE, LEONARDO COMEÇA A TRABALHAR EM UM MURAL EM UM MONASTÉRIO de Milão. É uma representação da última ceia que Jesus compartilha com seus discípulos, e Leonardo usa o mural para a narrativa de como o discípulo Judas trai Jesus. A palavra *narrativa* aqui é a chave. Os personagens no mural, assim como os de um filme, reagem uns aos outros. Conforme a narrativa da traição de Judas desce pela mesa, o próprio mural parece se movimentar.

Pintar o mural leva uma eternidade para Leonardo, é claro. Há histórias sobre ele parado na frente da pintura por dias sem tocar no pincel. Ou chegando, dando algumas pinceladas e depois indo embora. O chefe do mosteiro, o prior, pressiona Leonardo para acabar logo com aquilo. O duque o convoca para perguntar o motivo de sua demora. Leonardo explica que está com dificuldade de encontrar o modelo certo para Judas. É difícil encontrar um rosto tão malvado, diz ele. Mas, acrescenta com malícia, talvez pudesse simplesmente usar aquele prior chato como modelo.

O duque cai na gargalhada. O prior cede.

Por fim, Leonardo termina. Ele termina! Ele realmente, de fato, sem mais nem menos, *termina.*

Porém.

Assim como decidiu fundir o cavalo de uma maneira completamente nova, Leonardo decide pintar seu mural de uma maneira completamente nova. A maneira padrão de pintar um afresco (uma pintura em parede) é usar tintas à base de água em gesso fresco. Leonardo não quer fazer isso. Em suas pinturas, ele prefere óleos, que lhe permitem trabalhar sem pressa. Gesso fresco não permite essa lentidão: é preciso pintar enquanto o gesso ainda está molhado.

Leonardo inventa a própria técnica à medida que avança. Ele reveste a parede de gesso seco com verniz e depois usa uma mistura de tintas a óleo e a água. Funciona: o afresco é incrivelmente sutil e cheio de camadas. Leonardo transferiu sua técnica de pintura a óleo para a pintura de afresco. Ninguém havia feito isso antes.

Ninguém fará de novo.

Dentro de algumas décadas, a pintura começa a descascar. Depois cai por completo. Dentro de meio século, mal está lá. É descrito como um "emaranhado de manchas".

Hoje, a única obra de arte no mundo tão celebrada quanto a *Mona Lisa* é *A última ceia.* É uma maravilha. Mas só podemos vê-la porque foi bastante restaurada. *A última ceia* que vemos hoje é uma recriação.

Temos apenas um vislumbre do que Leonardo realmente pintou.

A ÚLTIMA CEIA VAI SE DESFAZER. O CAVALO NUNCA FOI FUNDIDO. LEONARDO COMPLETOU ALGUMAS pinturas em Milão e pensou bastante, mas pouco restou para o futuro.

Quando o rei Carlos VIII e seu exército francês enfim chegam a Milão, a corte do duque foge. Leonardo fica por seis semanas, tentando ver quais são as novas possibilidades. Ele está jogando para os dois lados. É um jogo perigoso, e Leonardo ainda não se adaptou direito. Em seus cadernos, há uma frase estranha: "Encontre Ingil e diga-lhe que você vai esperá-lo em Amor e que vai até ele em Ilopan."

Ingil, Amor, Ilopan: todos esses são nomes escritos ao contrário. *Ingil* é Ligni, ou o conde de Ligny, o chefe militar francês. *Amor* é Roma. *Ilopan* é Napoli, ou Nápoles.

Assim é Leonardo, entre as mentes mais brilhantes de sua época, escrevendo em códigos, algo que basicamente se resume a escrever as palavras ao contrário. Deve ser o pior código da história dos códigos. Um golfinho seria capaz de decifrá-lo.

E fica ainda pior. A caligrafia de Leonardo é espelhada, ele escreve tudo na direção contrária e de trás para a frente. (Chama-se de *espelhada* pois, se colocar a escrita de Leonardo em frente a um espelho, ela se inverte e fica perfeitamente legível.) Com frequência, a escrita espelhada é considerada uma cifra própria. Não é. Na época, era uma maneira conhecida para canhotos escreverem com mais conforto. (Dessa forma, eles não borrariam a tinta à medida que moviam a mão de escrever pela página.) Mas, para esta anotação em código, tem um efeito colateral não intencional: já que Leonardo já estava escrevendo ao contrário, todos esses nomes invertidos são escritos *normalmente*.

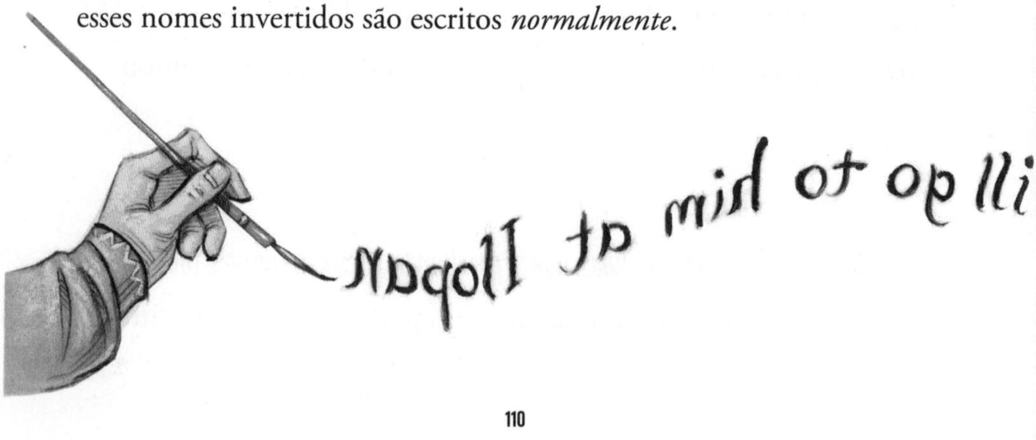

Amor não está em escrito espelhado. É apenas Roma. Qualquer um consegue lê-lo. Nem é preciso segurar a página na frente de um espelho.

Tudo isso é muito encantador e humano. Leonardo da Vinci: ele faz coisas estúpidas como o restante de nós.

Seu flerte com os franceses não dura. Leonardo também foge de Milão. "Venda o que não puder levar consigo", escreve. Ele pega seu trabalho inacabado de quase vinte anos, empilha em uma carroça e parte para Florença.

Leonardo tem que abandonar a cidade onde se encontrou. Tem que fugir de volta para uma cidade da qual já havia fugido. Tem quase cinquenta anos. Mas não tem um lar.

O REI INVASOR CARLOS VIII DA FRANÇA ERA TOLO E IMPRUDENTE. ELE É MAIS CONHECIDO HOJE por se casar com uma mulher que já era casada e por morrer ao bater a cabeça no batente de uma porta.

Mas devemos algo a ele.

Sem o rei, é provável que Leonardo nunca tivesse deixado Milão. Sem ele, a *Mona Lisa* nunca teria existido.

O PROFISSIONAL CONSUMADO

NO QUAL O LOUVRE REABRE PARA MULTIDÕES GIGANTESCAS E A POLÍCIA VAI EM BUSCA DE UM HOMEM MORTO

O LOUVRE REABRE

POR MAIS DE CEM ANOS, O LOUVRE HAVIA SIDO UM LUGAR TRANQUILO.

Antes de 1911, apenas algumas centenas de pessoas o visitavam por dia, e menos ainda no verão. Elas desapareciam em um complexo do tamanho de uma pequena cidade. O Louvre poderia estar aberto e passar a sensação de estar fechado.

Isso estava prestes a mudar.

Após uma semana de ocupação policial, o Louvre reabriu ao público.

Paris havia sido cativada pelo noticiário incessante acerca da *Mona Lisa*. Agora, os parisienses se aglomeravam na cena do crime. Vieram aos milhares. Até aquele momento, nunca havia tido filas no Louvre. De repente, as filas davam voltas no quarteirão. O Louvre nunca havia visto tanta gente.

Todos estavam lá para ver algo que *não podia* ser visto. Os visitantes que entravam no Salon Carré não olhavam para as pinturas extraordinárias na sala. Olhavam para onde outra pintura *costumava* estar. As pessoas vinham ao Louvre para ver um fantasma. Um jornalista fez uma pesquisa: a maioria das pessoas ali nunca havia visto a *Mona Lisa* antes. Em outras palavras, vieram para não ver uma pintura que nunca tinham visto.

Buquês foram deixados. Bilhetes foram escritos. Lágrimas foram derramadas. O Louvre parecia menos um museu e mais uma funerária.

A cena se repetiu todos os dias durante semanas. A *Mona Lisa* desaparecida se tornou uma atração turística. Até mesmo atraiu o jovem e depressivo Franz Kafka, que logo se tornaria um grande escritor, agora vagando sem rumo pela Europa. Ele e seu amigo Max Brod fizeram o tour completo da *Mona Lisa*: olharam para a parede vazia e depois foram assistir a um filme de comédia mudo sobre o roubo. A *Mona Lisa* já era uma estrela de cinema.

No curta, a administração do Louvre é incompetente, a polícia é inepta e o museu está em pandemônio. Há tanto caos que ninguém percebe quando o ladrão traz a *Mona Lisa* de volta. Ele deixa um bilhete: "Culpa de minha vista ruim. Queria a pintura ao lado dela."

Franz Kafka gostou do filme.

Àquela altura, a incompetência do Louvre tinha virado piada no país inteiro. No jornal *L'Intransigeant*, o poeta modernista Guillaume Apollinaire elogiou o retrato: "A *Mona Lisa* era tão bela que sua perfeição deixou de ser valorizada." Então, ele atacou o museu: "Não há sequer um guarda para cada galeria. A situação é de descuido, negligência, indiferença." O Louvre, concluiu ele com um insulto projetado para ferir o orgulho francês, "é menos protegido do que um museu espanhol".

Quando o museu reabriu, o *Paris-Journal* imprimiu uma placa para afixar nas galerias:

No interesse da arte
e para a salvaguarda dos objetos preciosos
solicita-se que

O PÚBLICO
tenha a bondade de
ACORDAR OS GUARDAS
caso estes sejam encontrados dormindo

Do lado de fora do Louvre, a *Mona Lisa* vendia roupas íntimas. Seu rosto aparecia em caixas de chocolate e em cartazes para shows de talento. Ela promovia cigarros. Apresentava-se em cabarés. Canções foram reescritas em sua homenagem.

Uma semana após o roubo, a própria *Mona Lisa* escreveu para o jornal *L'Autorité*. Ela anunciou que estava entediada com toda essa conversa a respeito de seu sorriso. Ela não estava sorrindo de um jeito misterioso. Estava sorrindo porque tinha desprezo por todas as pessoas que "desfilavam sem parar diante de mim". Por muito tempo, ela desejava, escreveu, "realizar meu próprio sequestro".

De acordo com a *Mona Lisa*, a *Mona Lisa* havia se sequestrado.

A história do roubo se espalhou muito além de Paris. Tornou-se um fenômeno global. Dos Estados Unidos: "O mundo inteiro se sentou, horrorizado. Algo como o roubo da *Mona Lisa* jamais havia sido perpetrado antes na história do mundo." Do Canadá: "Os olhos do mundo têm estado, nas últimas duas semanas, tentando acompanhar a fuga do momento, por meio de roubo, da *Mona Lisa*." Da Austrália: "Buscas enérgicas continuam pela '*La Joconde*', de Leonardo da Vinci." Da Inglaterra, com típico eufemismo: "Parece haver muito mistério associado ao caso."

O momento era oportuno. Os jornais agora eram capazes de imprimir ilustrações de forma barata e bem-feita, todos publicaram edições ilustradas sobre o roubo. A *Mona Lisa* se tornou o rosto mais conhecido do mundo, encarando os transeuntes de todas as bancas de jornal. (Na França após o roubo, mais pessoas conseguiam identificar a *Mona Lisa* do que o presidente do país.) Essas reproduções eram como o novo e inquietante mundo do cinema: uma imagem de algo que não existia mais.

O mundo agora podia ver a *Mona Lisa* em todos os lugares, *exceto* no Louvre.

O LADRÃO ENGENHOSO

ALPHONSE BERTILLON TINHA A IMPRESSÃO DIGITAL PERFEITA DE UM POLEGAR, MAS NADA além disso.

O Louvre empregava quase trezentas pessoas e muitas outras haviam trabalhado lá ou poderiam saber como seus quadros eram pendurados. A polícia de Paris teve que passar um pente-fino. Estavam interrogando cada pessoa possível, mas era fácil imaginar como alguém poderia escapar. Até então, não havia pistas sólidas e, ainda pior, não havia impressões digitais correspondentes.

Sem pistas, a investigação não sabia em quem ou no que se concentrar. Na ausência de algo real, os mesmos tipos de chavão genérico continuavam surgindo. Eram *tipos* de pessoa, como atores estereotipados em um filme ruim, mas eram essas pessoas imaginárias que guiavam a investigação: afetavam o modo como a polícia pensava sobre quem era culpado, quem era inocente e em quem valia dar uma segunda olhada.

O primeiro personagem: o Admirador Secreto.

O Admirador Secreto era um amante da *Mona Lisa* tão enfeitiçado que ele (e era sempre um *homem*) roubou a pintura por obsessão. O jovem alemão preso no início da investigação (o visitante do Louvre que estava um pouco interessado demais na *Mona Lisa*) era um típico caso do estereótipo de Admirador Secreto. Isso, por si só, já era suficiente para torná-lo suspeito. A ideia do Admirador Secreto apaixonado permaneceu proeminente durante toda a investigação.

O segundo: o Louco Solitário.

As autoridades temiam que o ladrão fosse *insano* ou *louco* (essa era a linguagem que usavam). A lógica deles era simples: apenas alguém insano tentaria roubar a *Mona Lisa*, então a *Mona Lisa* deve ter sido roubada por alguém que era, bom, insano. Era uma teoria composta inteiramente de lógica circular, mas pelo menos era uma teoria.

Por fim, havia o terceiro e mais promissor personagem: o Profissional Consumado.

O Profissional Consumado foi capaz de roubar a *Mona Lisa* porque era o Profissional Consumado: experiente, meticuloso e motivado. A magnitude do roubo era um trabalho para um Profissional Consumado, não para um Admirador Secreto ou um Louco Solitário. Ou, talvez, *Profissionais* Consumados: o roubo era grande demais para ser obra de uma única pessoa. Em vez disso, poderia ser uma gangue de ladrões de arte profissionais.

Em 1911, roubar arte ainda era algo novo. Até recentemente arte não era roubada, e sim saqueada. Quando Napoleão, o imperador francês, invadiu a Itália no final do século XVIII, ele chegou com listas do que queria: centenas de pinturas, gravuras e esculturas. Seu exército empilhou e enviou tudo. Foi um butim espetacular, e não era segredo. Tudo foi feito às claras. Depois, tudo foi exposto: a maior parte da arte italiana no Louvre havia sido roubada por Napoleão. O Salon Carré estava recheado com seus saqueios.

A arte era roubada por *nações*. Mas pessoas aleatórias roubando arte já era algo diferente.

Para Lépine e Bertillon, a ideia de ladrões de arte profissionais deve ter tornado a investigação mais emocionante. Tais criminosos seriam adversários dignos. Seriam pessoas do mesmo calibre que eles. Desde o início da investigação, Lépine endossou a ideia.

Podemos adivinhar no que Lépine estava pensando. No início daquele ano, o investigador tinha escrito a introdução de um livro sobre o novo policiamento científico. O livro era de um de seus ex-assistentes e oferecia uma introdução ao pensamento de Bertillon e Lépine.

Assim como a sociedade, o crime estava separado em classes, explicava o livro. Havia classes de ladrões: aqueles que se especializavam em roubos "audaciosos, difíceis e lucrativos" e aqueles cujo trabalho era "brutal e sangrento". Os ladrões de maior calibre trabalhavam com "um refinamento da arte". Os ladrões de menor calibre, por outro lado, eram desleixados; deixavam pistas e devastação em seu rastro. A polícia, ao chegar a uma cena de crime, de imediato conseguia dizer qual classe havia cometido o delito.

Se a cena fosse sangrenta, bagunçada ou desajeitada, era obra da classe inferior. Se a cena fosse elegante, sofisticada ou astuta, era obra da classe superior. Encaixe os adjetivos e obtenha seu ladrão. Era fácil.

Exceto, é claro, que não era. Isso não era um bom trabalho de detetive. Na verdade, isso nem sequer era um trabalho investigativo, pois não havia *investigação* alguma envolvida. Era tudo *suposição*. Era o oposto da observação, o oposto da forma como Leonardo gostaria que o roubo da *Mona Lisa* fosse investigado. Ao contrário de Leonardo, Bertillon e Lépine não começavam com o mundo. Eles começavam com o que *presumiam* que o mundo era. Confundiam isso com o mundo *real*.

Lépine estava procurando por uma gangue profissional porque isso representaria uma classe superior de ladrão. Sua lógica era: o roubo da *Mona Lisa* foi um crime refinado. Não havia sangue nas paredes do Louvre. Portanto, foi feito por uma classe mais elevada de criminoso.

Esse tipo de pensamento foi tão convincente que levou a investigação a lugares muito estranhos.

Como o cemitério.

MUITO ANTES DE A *MONA LISA* SUMIR DO LOUVRE E CHEGAR À PRIMEIRA PÁGINA DO JORNAL, ADAM Worth já era uma celebridade.

Chamá-lo de ladrão era diminuí-lo. Para a polícia nos Estados Unidos e na Europa, ele era *o* ladrão. Por décadas antes do roubo da *Mona Lisa*, ele foi suspeito de todo tipo de golpe, falsificação e esquema excêntrico: se o feito era brilhante, talvez fosse obra de Adam Worth.

Nas histórias de Sherlock Holmes, Alphonse Bertillon era o maior detetive da Europa. Mas o professor Moriarty, o arqui-inimigo de Holmes, era o maior vilão. “Ele é o organizador de metade do que é nocivo e de quase tudo que não é detectado nesta grande cidade”, disse Holmes. “Ele é um gênio, um filósofo, um pensador abstrato.”

Professor Moriarty foi baseado em Adam Worth.

Worth veio do nada. Um imigrante pobre nos Estados Unidos, desertou do exército da União durante a Guerra Civil Americana, forjou a própria morte e começou uma ascensão implacável até o topo do mundo do crime. Ele sobrevivia com o cérebro, não com os punhos; jamais tolerou a violência. A marca de um trabalho de Worth era o planejamento impecável, e ele aplicava o mesmo rigor à própria vida: cuidadosamente adquiriu todas as qualidades de um cavalheiro e mudou-se para a Inglaterra, onde vivia em uma mansão em Londres.

Para todos, ele aparentava ser um inglês de classe alta e cumpridor da lei. Exceto para as autoridades. Elas sabiam exatamente quem ele era. Mas nunca tiveram evidências suficientes para prendê-lo, pois o homem nunca cometeu um erro.

"Tudo de que preciso é uma oportunidade de dois minutos", disse Worth certa vez. "Se eu não tiver esses dois minutos, desisto do trabalho. Em geral eu consigo, e 120 segundos, quando empregados metodicamente, são suficientes para um homem bem treinado em sua especialidade fazer um bocado de coisas."

Em 1876, após uma série de roubos brilhantes a bancos e falsificações, ele efetuou seu maior golpe. Roubou a *Georgiana, duquesa de Devonshire,* de Thomas Gainsborough, a pintura mais famosa da Inglaterra.

A duquesa era a grande beleza de sua época. Ela havia enfeitiçado a Inglaterra enquanto estava viva, e, na tela, tinha o mesmo efeito magnético. A *Mona Lisa* de seu tempo, o retrato também era famoso por seu sorriso, ou *meio* sorriso. Era um sorriso? Ela estava olhando para você? Estava flertando com você? Era possível ter essa esperança. Era possível sonhar.

A *Duquesa de Devonshire* havia acabado de ser vendida por mais dinheiro do que qualquer outra pintura na história, e estava prestes a ser vendida por ainda *mais* dinheiro para o milionário norte-americano Junius Spencer Morgan.

Antes que pudesse ser vendida, Worth a roubou. No meio da noite. Sem deixar rastros.

Então fez algo curioso: nada. Não vendeu a pintura. Nem sequer tentou vendê-la. Carregou a *Duquesa* ao redor do mundo com ele, muitas vezes dormindo ao seu lado.

O saqueio da *Duquesa* foi o maior roubo de arte da história até a *Mona Lisa* desaparecer. As semelhanças eram impressionantes. Uma mulher bonita. Um retrato lendário. Um ladrão apaixonado. Um crime que demonstrava paciência e ousadia. Um crime que desafiava a lógica. Um crime feito por uma classe superior de ladrão.

Tudo sugeria que o roubo da *Mona Lisa* havia sido obra de Adam Worth, o ladrão cavalheiro.

Um romancista francês explicou no *Le Figaro* que a pintura *só* poderia ter sido roubada por Adam Worth. A teoria ganhou força. O governo dos Estados Unidos disse aos seus oficiais na fronteira canadense para ficarem de olho para o caso de Worth contrabandear o retrato para os Estados Unidos. Todos estavam à procura de Adam Worth.

Havia apenas um problema: Adam Worth estava morto.

Mortinho da silva. Havia morrido uma década antes do roubo da *Mona Lisa*.

Era um fato inconveniente, pois Adam Worth combinava perfeitamente com a ideia que a polícia parisiense tinha do ladrão. Ele *era* o Profissional Consumado. Havia criado o arquétipo do grande roubo de arte; havia feito o molde. O que a polícia queria era alguém que se encaixasse naquele molde.

Se Adam Worth não estava disponível, encontrariam outra pessoa.

É BOM QUE CASE

NO QUAL O SANGUE FLUI PELAS RUAS DE FLORENÇA E A *MONA LISA* QUASE ESCAPA DOS DEDOS DA HISTÓRIA

FLORENÇA, 1494

EM FLORENÇA, O TEMPO ESTÁ PASSANDO.

Lisa Gherardini tem quinze anos. Ainda mora com os pais. Não pode ficar lá por muito mais tempo. Tem mais cinco anos. Seis, no máximo.

Na Florença renascentista, o casamento vem cedo. Tão jovem quanto aos quinze anos, mas não mais tarde do que vinte e poucos. É o evento mais importante na vida de uma mulher renascentista, e as famílias passam anos economizando dinheiro para isso. Esse dinheiro é chamado de dote. Muitas vezes, as famílias fazem um adiantamento do dote no nascimento, para que o dinheiro acumule juros nos anos até o casamento. Isso é crucial, pois, no final do século XV, o custo de um dote está inflacionando com rapidez: a cada ano o tamanho de um dote respeitável cresce sem controle algum. Mesmo os florentinos mais abastados não têm dinheiro suficiente dando sopa.

Como as mulheres renascentistas não trabalham (a ideia é impensável), o dote ajuda a sustentá-las em sua nova família. Além disso, um dote, em especial um dote generoso, é um sinal de respeitabilidade.

Há regras estritas:

Nada de se casar sem um dote (isso simplesmente não é feito).

Nada de se casar com alguém que não exige um dote (isso também não é feito).

Nada de *deixar* de se casar e ficar em casa (isso seria humilhante para a família). Uma mulher solteira é uma mancha na reputação da família. Não existem mulheres solteiras em Florença. A cidade é como um filme de terror: mulheres que não se casam *desaparecem* sem mais nem menos.

A regra é: *É bom que case.*

A alternativa é um convento. É para lá que as mulheres solteiras de Florença vão quando desaparecem. Os conventos ao redor da cidade estão abarrotados de garotas sem dotes. Passam a vida inteira lá, isoladas da sociedade. Após a idade avançada de vinte anos está o convento.

O caminho para Lisa Gherardini é óbvio. Ela tomará seu dote e sua beleza e se estabelecerá com um marido.

A questão é que Lisa Gherardini não tem um dote.

A questão é que Lisa Gherardini está malfadada.

Esta não é a vida que ela deveria ter. Para entender como chegou a esse ponto, temos que olhar para trás, para a época do nascimento de Lisa, um tempo de sangue e revolução.

LISA GHERARDINI É FILHA DE LUCREZIA DEL CACCIA E ANTONMARIA DI NOLDO GHERARDINI, UM nobre florentino com um nobilíssimo histórico familiar. Como nobre, Antonmaria não trabalhava. Ele coletava aluguéis e bens dos camponeses que cuidavam de suas terras no campo. Era um bom lar para Lisa nascer.

Mas não era bom o suficiente.

Em uma manhã de primavera de 1478, Lorenzo de Médici, ou Lorenzo, o Magnífico, e seu irmão Giuliano, o garoto de ouro da família Médici, chegaram para a missa na Duomo, a icônica catedral de Florença.

Os irmãos Médici, que governavam Florença, eram inimaginavelmente prósperos e poderosos. Estavam entre os homens mais formidáveis da Europa, prova viva do renascimento da cidade. De pé na Duomo — a própria catedral uma prova do gênio florentino —, os irmãos deviam parecer intocáveis.

Em questão de minutos, um deles estaria morto.

No auge da missa, enquanto baixavam a cabeça em oração, Lorenzo e Giuliano foram atacados por trás pelos próprios companheiros. Da outra direção (do altar), padres avançaram sobre os irmãos Médici. Capas e vestes sacerdotais se abriram para revelar espadas e punhais. Giuliano caiu em um frenesi de espadadas. Lorenzo, gravemente ferido, mas ainda vivo, escapou por uma porta lateral.

Era o começo de um golpe.

Os Médici tinham inimigos poderosos. O golpe foi obra de famílias florentinas rivais, em particular os Pazzi, bem como o papa Sisto IV, inimigo declarado dos Médici. Uma vez iniciado o ataque, os Pazzi esperavam apoio do povo florentino. Achavam que os assassinatos desencadeariam uma revolução.

Estavam errados. Foi um engano fatal.

O povo de Florença não se revoltou. Diante da escolha entre os Pazzi e os Médici, escolheram a família que conheciam melhor (e temiam mais). Em poucas horas, o golpe fracassou e, em vez de tomar o poder, os Pazzi foram capturados. Então foram enforcados e seus corpos, pendurados na prefeitura de Florença para todos verem. Era uma imagem terrível. Um aviso.

Nos dias violentos que se seguiram, centenas de pessoas foram mortas. Depois que o líder da família Pazzi foi torturado e enforcado, seu corpo morto foi desenterrado, jogado em um fosso da cidade, arrastado pelas ruas, enforcado *de novo*, açoitado e então, por fim, atirado, como lixo, no rio Arno. "Tantas mortes foram infligidas", escreveu mais tarde o filósofo italiano Nicolau Maquiavel, "que havia pedaços de corpos humanos pela estrada."

Essa era a vida na Florença renascentista: cenas de violência indescritível ao lado dos maiores feitos da arte e da ciência. Em uma combinação extraordinária desses extremos, um jovem Leonardo da Vinci ficou na base da prefeitura de Florença e esboçou um conspirador Pazzi pendurado, sem vida, acima dele.

O papa Sisto IV ficou indignado, mas não com a violência. Afinal, fora ele quem patrocinara o golpe. Estava indignado por não ter saído vitorioso. Como vingança, cortou Florença da Igreja Católica Romana. Agora, a missa e a comunhão sagrada (os atos centrais de adoração no catolicismo) estavam proibidas em Florença. Além disso, o papa declarou que os Médici, e todos os apoiadores dele, já não mais eram católicos. Por via das dúvidas, também reivindicou todo o dinheiro e as propriedades dos Médici em Roma.

Mas o papa Sisto IV não havia acabado. Suas forças papais se uniram ao Reino de Nápoles e, juntos, seus exércitos marcharam sobre Florença. Não estavam a passeio. Por onde passavam, tudo virava cinzas. A destruição foi total (incluindo a propriedade rural de um certo nobre florentino).

"Pelo amor à guerra", escreveu Antonmaria di Noldo Gherardini naquele ano, "não tenho renda. Nossas casas foram queimadas; nossos bens, destruídos; e nossos trabalhadores e animais, perdidos."

Ele ficou sem nada. Quase nada: sua esposa estava grávida.

Lisa Gherardini nasceu no ano seguinte.

LORENZO DE MÉDICI FAZ AS PAZES COM NÁPOLES. FLORENÇA, OU PELO MENOS A FAMÍLIA MÉDICI, é salva. Mas as coisas melhoram muito devagar para Antonmaria e, quando Lisa nasce, ele não tem dinheiro reservado para um dote. Então não deposita nada. Lisa fica mais velha. Ainda não há nada para seu dote.

Lisa é deixada com nada além de um futuro em um convento.

Um lugar onde apenas outras freiras verão seu rosto.

Um lugar onde ela será praticamente invisível.

A *Mona Lisa* está sumindo da história.

FIGURAS GIGANTES EM FORMA HUMANA

NO QUAL AMERICANOS RICOS INVADEM A EUROPA E LEONARDO CONTA UMA PIADA

O AMERICANO RICO

A TEORIA DO PROFISSIONAL CONSUMADO TINHA UM DEFEITO.

Tecnicamente, tinha alguns defeitos. O primeiro era que Adam Worth estava morto. (Este era um defeito significativo.)

O outro era: quem vai comprar a pintura? O Profissional Consumado rouba a pintura. Mas então quem compra uma pintura que claramente foi roubada… que é obviamente tão *perigosa*?

O Profissional Consumado teria antecipado esse problema. Teria percebido que o roubo da *Mona Lisa* causaria alvoroço.

O próprio Adam Worth sabia disso. Enquanto desejava a *Duquesa de Devonshire*, de Gainsborough, ele tinha um objetivo específico: chantagear o proprietário a pagar a fiança de seu irmão preso. Seu plano nunca foi vender a pintura; ele a queria apenas para libertar seu irmão da prisão. (E ficou com o quadro, pois seu irmão saiu sem sua ajuda.)

Worth nunca vendeu a *Duquesa* pois sabia que seria quase impossível encontrar o comprador certo. Precisaria encontrar alguém que fosse tão corrupto quanto honesto: corrupto o suficiente para comprar uma pintura roubada. Honesto o suficiente para ser confiável durante a transação.

Era uma corda bamba.

"Devemos admitir que até uma pessoa pouco esperta perceberia a impossibilidade de vender uma obra tão famosa", observou Louis Lépine.

Mas havia uma maneira de resolver esse problema, e Lépine sabia disso. E se o Profissional Consumado já tivesse arranjado um comprador? E se o Profissional Consumado tivesse roubado a pintura *para* alguém? E se tudo isso fosse um trabalho sob contrato?

Apresentando outro estereótipo de personagem: o Americano Rico.

A Era Dourada estava chegando ao fim, um tempo em que fortunas eram acumuladas da noite para o dia e o novo século XX estava inundado de novos-ricos. Uma sociedade vastamente desigual havia nascido, com ricos e pobres mais distantes do que nunca. Em nenhum lugar isso era mais verdade do que nos Estados Unidos, onde a economia era dominada por um grupo de homens tão pequeno em número que eles poderiam se sentar à mesma mesa.

Esses homens todos queriam a mesma coisa: que seu dinheiro novo parecesse *velho*.

Claro, tinham construído suas fortunas pagando salários miseráveis, derrubando greves sindicais e levando os concorrentes à falência sem nenhuma piedade. Mas eles não queriam que parecesse assim. Queriam que sua riqueza parecesse respeitável. Então, fundaram instituições filantrópicas para doar parte do dinheiro. E, com o restante, compraram mansões, antiguidades e arte.

Muita arte.

Milionários norte-americanos vinham à Europa com os bolsos cheios de dinheiro e saíam com várias pinturas debaixo dos braços. Em particular, queriam as pinturas que representavam sua própria grandiosidade. Queriam as Grandes Pinturas, de Grandes Artistas. Um Americano Rico contratando um Profissional Consumado para roubar uma Grande Pintura fazia todo o sentido. Os Americanos Ricos haviam feito dinheiro através de todo tipo de negócios não-exatamente-lícitos. Então por que agora se preocupariam com um pouco de negócios não-exatamente-lícitos?

A teoria (um Americano Rico contratando um Profissional Consumado para roubar uma Grande Pintura) ganhou força. "A crença é muito difundida", relatou o jornal *The New York Times*, "de que a obra-prima florentina está agora nos Estados Unidos."

E se estava nos Estados Unidos, dizia a teoria, deveria estar com J. P. Morgan.

O empresário norte-americano J. P. Morgan era indescritivelmente rico e poderoso. Na verdade, ele fazia adjetivos como *rico* e *poderoso* parecerem pouca coisa. Ele havia segurado a economia dos Estados Unidos em suas mãos ao longo da última metade do século. Havia feito mais do que qualquer outra pessoa, incluindo o próprio governo norte-americano, para moldar aquela economia. Com sua fortuna, Morgan vivia em um esplendor de escala gigantesca: quando sua filha se casou, a recepção foi para mil pessoas, e Morgan a fez em sua *casa*. Suas casas também faziam as vezes de museus.

Quando a *Mona Lisa* foi roubada, Morgan estava na Itália, bem ao lado. Logo depois, embarcou em um trem em Florença com um quadro nas malas. De imediato foi cercado por uma multidão que presumiu que o quadro se tratava da *Mona Lisa*. Morgan teve que lutar com sua bengala para entrar no trem.

Os jornais foram inundados com rumores sobre Morgan. Foi noticiado que ele havia se encontrado com "visitantes misteriosos" que lhe venderam a *Mona Lisa*. A imprensa perseguiu Morgan até que ele foi forçado a reconhecer os rumores.

"Não me ofereceram a *Mona Lisa*", declarou aos repórteres, "e eu lamento isso. Se tivesse sido oferecida, eu a teria comprado e devolvido à França."

DR. NO (PARTE 1)

POR UM MOMENTO, VAMOS DEIXAR 1911 E VOLTAR AO PRESENTE.

Estamos aqui apenas pela vista. Porque, daqui, podemos olhar através do último século e ver as repercussões de uma única teoria: o Americano Rico contratando um Profissional Consumado para roubar uma Grande Pintura.

Por causa dessa teoria, roubar arte se tornou diferente de outros tipos de roubo. Tornou-se um sinal de sofisticação. Tornou-se *glamouroso*.

Como uma pintura famosa não podia ser vendida, ela só poderia ser apreciada. Quem iria querer uma pintura que só poderia ser apreciada? Apenas aqueles capazes de apreciá-la. Apenas os mais refinados.

Nas décadas após o roubo da *Mona Lisa*, essa teoria seria comprimida. O Americano Rico e o Profissional Consumado se fundiriam na mesma pessoa: o Profissional Consumado Rico. A pessoa que desejava o quadro faria o trabalho sozinha. Era a classe superior de ladrão definitiva.

Hoje, o Profissional Consumado Rico aparece em muitos filmes. Ele rouba quadros para poder desfrutar deles na privacidade de sua mansão. Ele é charmoso e bonito, veste um terno sob medida que não é capaz de esconder seus músculos. Ele joga polo, ou sabe como jogar polo, ou conhece pessoas que jogam polo.

Tudo a respeito dessa história está errado.

Os roubos de arte são quase sempre obra de amadores, e não há nada de charmoso ou romântico nesses ladrões. Eles não têm mansões ou cavalos de polo. Têm mais chances de estragar o trabalho do que o acertar.

EIS AQUI UMA HISTÓRIA MAIS PRECISA, E MAIS ESTRANHA, SOBRE QUEM ROUBA ARTE:

Em 21 de agosto de 1961, em Londres, cinquenta anos após o desaparecimento da *Mona Lisa*, um retrato do duque de Wellington desapareceu.

Já estavam sendo meses exaustivos para o duque. O retrato, pintado pelo grande Francisco Goya cerca de 150 anos antes, havia sido vendido a um milionário norte-americano. Jornais na Inglaterra ficaram horrorizados com a venda. Como poderia esse retrato tão inglês deixar a Inglaterra? Era parte do patrimônio cultural do país. Não podia ser vendido e sobretudo não para um milionário americano.

O *Duque* ficou. O milionário americano foi reembolsado. A pintura foi exibida na National Gallery, em Londres. Menos de um mês depois, desapareceu. Não havia pistas. Foi um trabalho impecável.

Uma semana mais tarde, chegou uma carta de resgate. Começava: “Não tenha dúvidas de que eu tenha o Goya.”

Não tenha dúvidas!

Os jornais ficaram em polvorosa. Tal linguagem ornamentada, diziam as pessoas, significava que os ladrões deveriam ser homens de inteligência e sofisticação. A Scotland Yard, sede da polícia de Londres, foi inundada de dicas. *O Duque de Wellington* tornou-se a *Mona Lisa* de 1961: estava em todo lugar, menos onde deveria estar.

Assim como a *Mona Lisa*, o duque até se tornou uma estrela de cinema. No primeiro filme de James Bond, lançado um ano após o roubo, Bond encontra o Dr. No em seu covil maligno. Lá, o espião passa por uma pintura em um cavalete. Ele dá uma segunda olhada. Está encarando o *Duque de Wellington*, de Goya.

O Profissional Consumado Rico era o próprio Dr. No.

Os anos passam. Mais cartas de resgate chegam. Mas o *Duque* continua desaparecido.

Em 1965, um homem com cabelos espessos entra em uma estação ferroviária em Birmingham, na Inglaterra. Ele entrega ao balconista um pacote embrulhado em papel pardo.

— Tenha muito cuidado com isso — diz ele.

Passam-se semanas até a Scotland Yard perceber que *O Duque de Wellington* está situado em um suporte no depósito de bagagens da estação de Birmingham.

O ladrão acaba sendo um motorista de caminhão desempregado de sessenta e poucos anos chamado Kempton Bunton. Ele não roubou o Goya para apreciá-lo em sua mansão. Roubou a pintura porque achava que o preço das licenças de televisão (o imposto que financiava a televisão e o rádio do Reino Unido) estava muito alto.

O imposto em 1961 era de catorze dólares. Kempton Bunton roubou um Goya por causa de uma taxa de catorze dólares. Kempton Bunton não era um homem de inteligência e sofisticação. Kempton Bunton era um pouco maluco.

Quando indagado sobre seu brilhante roubo, Bunton disse que foi fácil: tinha entrado pela janela do banheiro.

— Os guardas estavam tomando uma xícara de chá ou dormindo — explicou.

Kempton Bunton foi um ladrão profundamente decepcionante.

Mas essa é a questão: por ser tão decepcionante, o fato de o ladrão ser alguém como Kempton Bunton ter desaparecido sem deixar vestígios. A ideia do Dr. No permaneceu. Nunca perdeu sua fama. Dr. No, o personagem fictício, parece mais real para nós do que o bastante real Kempton Bunton.

Afinal, é uma história melhor. As pessoas sempre vão escolher a melhor história.

Em 1911, o roubo de arte ainda era novidade. Hollywood nem sequer era uma indústria. Mas, de algum modo, a história do ladrão de arte brilhante *já existia*. Meio século antes de o Dr. No aparecer na tela, Louis Lépine e Alphonse Bertillon já estavam procurando por ele.

Não procuravam por um ladrão. E, sim, por uma história.

LEONARDO ESCREVE SOBRE ESSE MESMO FENÔMENO: CONFUNDIR UMA *HISTÓRIA* COM UMA *PESSOA*.

Charadas estão espalhadas pelos cadernos de Leonardo, que as chama de *profecias*, ou vislumbres do futuro, e são basicamente piadas com lições de moral. Elas zombam do pensamento descuidado. A moral quase sempre é: olhe de novo. Observe com mais atenção. Só porque algo *parece* ser não significa que *é*.

Aqui está uma charada que Leonardo anota:

Aparecerão figuras gigantescas em forma humana, mas, quanto mais você se aproximar, menor ficará a imensa estatura delas.

Centenas de anos depois, o enigma parece uma pista. Não uma pista qualquer. A pista que faltava a Louis Lépine e Alphonse Bertillon.

O roubo da *Mona Lisa* foi gigantesco. Então Lépine e Bertillon estavam procurando por uma figura gigantesca.

Mas e se a figura apenas *parecesse* gigantesca?

A resposta de Leonardo para a charada era:

A sombra projetada à noite por um homem segurando uma lamparina.

E se o ladrão fosse comum? E se ele apenas parecesse grande por causa da *Mona Lisa*? E se a *Mona Lisa* fosse a lamparina que fazia o ladrão parecer gigantesco?

QUER COMPRÁ-LA?

DO OUTRO LADO DO CANAL DA MANCHA, POUCO DEPOIS DE A *MONA LISA* DESAPARECER do Louvre, um homem entrou na galeria Duveen Brothers, em Londres.

De seu escritório, Henry Duveen, um dos proprietários da galeria, conseguiu ouvir o homem discutindo com um assistente. O homem exigia ver Henry Duveen em carne e osso.

Normalmente, ninguém elevava a voz na galeria. Era a principal galeria de arte de Londres, um lugar sóbrio e sério. Pelo menos, na superfície. Por baixo, era um negócio brutal e incansável. Metade das pinturas que saíam da Europa e iam para os Estados Unidos parecia passar pela galeria.

"A Europa tem muita arte e os Estados Unidos, muito dinheiro", disse uma vez Joseph Duveen, sobrinho de Henry.

Não era uma observação; era um plano de negócios. A Europa estava cheia de pequenos nobres com mais cultura do que dinheiro. Os Duveen compravam suas melhores pinturas e as vendiam para pessoas com mais dinheiro do que cultura: Americanos Ricos.

Os Duveen eram extremamente bons nisso. A ideia de que os ricos gostavam de gastar dinheiro em obras de arte antigas e peculiares era uma que os Duveen ajudaram a estabelecer.

Eram muito espertos. Ao contrário de Louis Béroud, os Duveen *queriam* que seus clientes vissem seus próprios reflexos. Literalmente. Antes de mostrar uma pintura, os Duveen aplicavam uma camada pesada de verniz nela. Seus clientes eram vaidosos; ficavam encantados ao se verem em uma obra-prima. O verniz brilhava. Os olhos da clientela brilhavam ainda mais. A pintura era vendida.

Como o próprio Louvre, a galeria Duveen Brothers em Londres era um lugar pelo qual todo Americano Rico passava. Esses americanos, no entanto, não elevavam suas vozes.

Henry Duveen foi ver o que estava acontecendo.

— Preciso vê-lo sozinho e agora — disse o homem. Ele não era refinado ou rico; não era o cliente usual dos Duveen. — É um assunto muito importante.

Duveen levou o homem até seu escritório, em grande parte para que ele parasse de causar um escândalo. Assim que a porta do escritório foi fechada, o homem perguntou:

— Pode me dar sua palavra de honra de que nunca vai revelar o que vou contar?

— Claro — falou Duveen, impaciente. — Certamente.

— Agora ouça — disse o homem —, estou com a *Mona Lisa* aqui em Londres. Quer comprá-la?

Henry Duveen ficou boquiaberto.

— Bem, o que me diz? — insistiu o homem. — Qual valor me daria?

Era uma fraude, presumiu Duveen. *Tinha* que ser uma fraude. Mas ele também temia que pudesse ser algo bem pior: a verdade.

Henry Duveen precisava ficar longe do roubo da *Mona Lisa*. Vai saber que rumores poderiam começar caso se envolvesse naquilo? Se sua reputação fosse manchada, a galeria estaria arruinada. Se este homem realmente tivesse a *Mona Lisa*, seria uma ameaça à existência de Duveen.

A mente de Duveen estava a mil. Ele encarou o homem. Duveen passava seus dias convencendo pessoas a comprar arte, mas ali, diante da possibilidade de comprar a obra de arte mais valiosa do mercado, estava sem palavras. Se dissesse sim, estaria envolvido em uma conspiração criminosa; se dissesse não, teria que reportar a conversa às autoridades, seria uma testemunha na investigação, e Henry Duveen não queria estar nem perto desta investigação.

Então, por fim, viu uma terceira opção: Não disse nem sim, nem não, ele *riu*. Riu alto, como se toda a conversa fosse uma piada: *A* Mona Lisa! *Que ridículo! Conta outra!* Ele virou as costas e se afastou.

Certa vez, o homem do outro lado da mesa tinha desaparecido no meio de Paris.

Agora ele saía da galeria Duveen Brothers e desaparecia no meio de Londres.

A *Mona Lisa* sumiu.

UMA SÉRIE IMPROVÁVEL DE EVENTOS IMPROVÁVEIS

NO QUAL LEONARDO CONSEGUE UM EMPREGO, E LISA GHERARDINI, CONTRA TODAS AS ADVERSIDADES, SE TORNA A *MONA LISA*

FLORENÇA, 1495

FRANCESCO DEL GIOCONDO PRECISA DE UMA ESPOSA, E RÁPIDO.

Mercador florentino e comerciante de seda bem-sucedido, Francesco ficou viúvo recentemente e tem um filho pequeno. Ele tem dinheiro. Tem potencial. Pode escolher entre várias garotas de famílias proeminentes e com bons dotes.

O casamento na Florença renascentista não gira em torno de amor. É um assunto prático. Um casamento com um dote ruim é, por consequência, um casamento ruim.

Lisa Gherardini tem um dote muito ruim. Ela não tem dote algum.

Mas Francesco e Antonmaria, pai de Lisa, se conhecem. Em vez de um dote, Antonmaria oferece a Francesco uma propriedade, a escritura de uma fazenda nos arredores de Florença. Francesco receberá a propriedade inteira, com todas as terras e o gado. É um dote bastante incomum.

Mas Francesco aceita a oferta.

Não temos ideia do porquê.

Lisa não tem escolha em relação ao casamento. (Isso é normal para a época.) Quando se casam, Francesco tem trinta anos e Lisa, quinze. (Isso também é normal.)

Invadir a Itália não fazia sentido para Carlos VIII. Casar-se com Lisa Gherardini não faz sentido para Francesco del Giocondo.

Mas graças às escolhas sem sentido de ambos os homens, agora a *Mona Lisa* é um vislumbre no horizonte.

O QUE LISA VÊ EM FRANCESCO?

Será que vê sua maneira de escapar do convento? Será que vê alguma coisa?

Seja lá o que Lisa pense, não importa na Florença renascentista. As mulheres são impotentes. Isso não é exagero: uma mulher em Florença precisa de um guardião masculino para aprovar quase qualquer decisão que ela tome fora de casa. Há algumas mulheres que conseguem criar espaço para a própria vida, mas estas são raras exceções e mesmo elas existem em um mundo criado e controlado por homens. O mundo da Florença renascentista é uma vasta reserva ambiental de poder masculino. Até mesmo Nanina de Médici (a irmã do famoso Lorenzo, tão privilegiada quanto uma mulher em Florença poderia ser) famosamente comentou: “Se quiser as coisas de seu jeito, é melhor não nascer mulher.”

A ironia é avassaladora. A *Mona Lisa* pode ser a pintura mais vista do mundo, mas Lisa Gherardini em si é quase invisível. Durante muitos anos, estudiosos negaram que Lisa fosse a *Mona Lisa*. Ela não era importante o suficiente, diziam. Mulheres mais proeminentes foram apresentadas como candidatas. Mesmo hoje, algumas pessoas afirmam que a verdadeira *Mona Lisa* não é Lisa de forma alguma.

Lisa Gherardini foi apagada da própria história. Ela é como quase todas as outras mulheres no Renascimento.

A história das mulheres no Renascimento é a história de pessoas fazendo o melhor possível com um conjunto de opções muito ruins. Mesmo mulheres como Lisa, sortudas o suficiente para se casarem com comerciantes de seda bem-sucedidos, levam vidas surpreendentemente rígidas. Esta é uma lista (parcial) do que elas *não* podiam fazer:

Ser proprietária de uma casa
Ser proprietária de qualquer coisa
Morar sozinha
Frequentar a faculdade
Ter um empreendimento
Entrar em um prédio governamental

As mulheres não eram apenas excluídas de participar da vida pública. Com frequência eram impedidas de estarem *em público*. Esse tipo de isolamento continua por gerações. "Em Florença, as mulheres são mais cercadas do que em qualquer outra parte da Itália", observaria um viajante um século depois de a *Mona Lisa* ser pintada. "Elas veem o mundo apenas das pequenas aberturas em suas janelas."

Uma mulher como Lisa não tem quase vida alguma fora de casa. Todas as responsabilidades que tem estão do lado de dentro: gerenciar os serviçais; dedicar-se à família; não se aventurar para além deste pequeno mundo.

UM ANO APÓS O CASAMENTO, LISA DÁ À LUZ UM FILHO. LOGO, HÁ UMA CASA CHEIA DE FLORENTInozinhos barulhentos. É por volta dessa época que Francesco começa a procurar por um pintor.

Francesco precisa de algo para pendurar nas paredes de sua bela casa. O que seria melhor do que um retrato de sua esposa, que lhe deu essa família?

Não é difícil para Francesco encontrar um pintor. Está cercado deles.

Florença é absurdamente rica em talento artístico, e *absurdamente rica* chega a ser um eufemismo. É impossível transmitir quanta habilidade há nessa pequena cidade. Mas tente imaginar o seguinte: pense em um círculo com um raio de algumas centenas de metros, menos de meio quilômetro, com a casa de Francesco no centro. Dentro desse círculo estão as casas de Rafael, Michelangelo e Botticelli (e a lista de figurões continua). É possível que não haja lugar com uma maior densidade de gênio artístico na história do mundo.

No meio dessa abundância de talento, Francesco consegue escolher um pintor que está farto de pintar.

FLORENÇA, 1500

De volta a Florença, Leonardo da Vinci passa seu tempo recusando e afastando comissões.

Em sua jornada de Milão, hospedou-se com uma nobre rica chamada Isabella d'Este. Ele a esboçou. Agora, ela quer um quadro dele. Ele poderia pintá-la, diz ela, isso seria fantástico, mas ele também poderia pintar qualquer outra coisa ou pessoa.

Ela é uma patrona proeminente. É uma comissão ideal, com total liberdade.

Leonardo a recusa. Simplesmente não está no clima.

Isabella d'Este insiste com um frade em Florença que conhece Leonardo. O frade escreve em resposta: "A vida de Leonardo é muitíssimo irregular e aleatória, ele parece viver um dia após o outro... Ele dedica a maior parte de seu tempo à geometria e não tem afeição alguma pelo pincel."

Isabella não aceita um não como resposta. E escreve novamente.

O frade se desculpa: "Em resumo, seus experimentos matemáticos o distraíram tanto da pintura que ele não é capaz de suportar o pincel."

Nenhuma afeição pelo pincel. Não é capaz de suportar o pincel.

O homem que talvez seja o artista mais talentoso de sua época, uma época que inclui os artistas mais talentosos de todos os tempos, não se dá ao trabalho de pintar.

Em vez de pintar, Leonardo toma um rumo diferente. Muito diferente. Ele encontra, possivelmente, o pior indivíduo de toda a Itália renascentista (o pior indivíduo em uma lista muito longa de indivíduos extremamente ruins) e se candidata para trabalhar para ele.

César Bórgia é um oficial católico de alto escalão e filho de um futuro papa. Mas ele não é um homem humilde e religioso. É um monstro. É ganancioso, cruel e implacável. Matou o próprio irmão. É um homem que corta seus inimigos em pedacinhos e deixa os restos sangrentos em público como um aviso. Um homem que, quando alguém o critica, manda cortar a língua e a mão dessa pessoa e depois coloca a língua cortada dentro da mão cortada, pendurando-as na janela de uma igreja como advertência.

Leonardo tem tanta aversão à violência e crueldade que é vegetariano, algo raro na época. É conhecido por ser gentil e generoso. Por que, então, trabalharia para alguém tão monstruoso?

A resposta é simples: ele quer o trabalho.

Leonardo é fascinado por engenharia e pela tecnologia da guerra. Seus cadernos estão repletos de ideias para projetos gigantescos. Bórgia lhe oferece a oportunidade de dar vida a esses grandes esboços. Leonardo não consegue resistir (esse é um trabalho que jamais conseguiria fazer sozinho).

Também não faz esse trabalho com Bórgia. A única coisa que consegue é um tipo totalmente novo de mapa: a cidade de Imola vista de cima, desenhada em proporção perfeita. É belo e preciso de um jeito surpreendente, um grande avanço.

Também é a única coisa bela desse período. Leonardo acompanha enquanto o exército de Bórgia aniquila o campo. Há sangue. Há tortura.

Finalmente, Leonardo volta à razão: ele deixa Bórgia.

De volta a Florença, ouve falar de um comerciante de seda que quer um retrato da esposa. E em 1503, Leonardo, depois de recusar comissões muito mais prestigiosas e demonstrar pouco interesse em pintar, diz sim para Francesco del Giocondo.

Ninguém sabe por quê.

Se Leonardo encontrou Lisa antes de aceitar a comissão (não sabemos se isso aconteceu), talvez tenha visto algo nela. Algo que o levou para além de ganhos financeiros.

Ou talvez não.

Por que essa mulher?

Esse é um dos maiores mistérios da história da arte.

POR QUE ESTA PINTURA?

LEONARDO ESCREVE UM POUCO DE TUDO EM SEUS CADERNOS: VERBOS EM LATIM, PIADAS RUINS, listas de compras. Mas, em nenhum dos cadernos, há algo sobre a *Mona Lisa*.

Nada. Nenhum contrato, esboços ou correspondências. Nada sobre por que ele concordou em fazer a pintura. Nada sobre seu objetivo com a pintura.

Absolutamente nada.

Sabemos que a *Mona Lisa* não deveria ter existido. Sua existência é uma série improvável de eventos improváveis. Mas sabemos pouco sobre como ela desafiou essas probabilidades, como veio a ser.

Sabemos que Lisa posou para o retrato em algum lugar de Florença. Provavelmente posou por alguns dias, mas poderia ter sido semanas. Mais tarde, as pessoas disseram que havia músicos na sala para entreter Lisa, para fazê-la sorrir. Mas as pessoas gostam de inventar histórias sobre pinturas famosas, e a história dos músicos é uma boa história. Na longa trajetória da *Mona Lisa*, as pessoas vão inventar muitas histórias boas e frequentemente cometerão o erro de acreditar nelas.

Em vez de respostas, temos perguntas. Por que Leonardo demorou tanto para pintar o retrato? Alguns estudiosos afirmam que ele nunca chegou a terminá-lo. Por que ficou tão obcecado em aperfeiçoá-lo? Foi sua encomenda menos notável — nenhum de seus trabalhos parecia menos promissor. Por que concentrou toda a habilidade e imaginação nesse pequeno retrato de uma esposa e mãe?

Para responder a essas perguntas, tudo o que temos é a própria *Mona Lisa*. Ela guarda um silêncio teimoso. Seus olhos seguem o espectador pela sala, mas sua boca nunca se move.

Se olharmos de perto, no entanto, podemos ver algo novo. Podemos olhar além de sua fama e ver como a pintura é *estranha*.

Em sua tábua de madeira, Lisa Gherardini não está mais na Itália. Ela foi transplantada para um mundo de ficção científica, onde não há humanos nem sequer quaisquer sinais de humanos, exceto uma ponte aleatória. Bem abaixo dela, montanhas se erguem e riachos correm, mas esta não é a paisagem italiana. Não é um lugar onde vivem pessoas. É estranho até mesmo pelos padrões de cenários renascentistas estranhos.

Agora, olhe para a própria Lisa. Seu rosto se volta para o espectador, mas seu corpo está de lado, como se ela tivesse acabado de se virar, como se *ainda estivesse* se virando. Isso a faz parecer em movimento, como se não esperasse participar da pintura. Suas mãos estão voltadas para o espectador, mas estão vazias; ela não segura nada. O que é estranho. Na arte renascentista, as pinturas estão abarrotadas de coisas que representam outras coisas. Tudo é simbólico. Não há nada simbólico na *Mona Lisa*, porque não há nada lá para simbolizar qualquer coisa. Lisa veste roupas simples e não usa joias, o que também é estranho. Homens e mulheres florentinos sabiam se vestir: até mesmo suas roupas do dia a dia eram extravagantes. Contudo, Leonardo coloca Lisa com uma roupa tão comum quanto possível. Ela nem parece importante o suficiente para estar em uma pintura.

Mas ela age como se pertencesse àquele lugar. Não está tímida nem meiga. Ela faz contato visual. Essa é exatamente a forma como as mulheres florentinas *não* são ensinadas a se comportar, e o próprio Leonardo ensinou a não pintá-las assim. Ele escreveu que as mulheres deveriam ser pintadas com "a cabeça baixa e inclinada para um dos lados". Mas faz exatamente o contrário.

A própria Lisa Gherardini viveu em um mundo de códigos sociais rígidos. Seu comportamento era cuidadosamente controlado. Ela não podia quebrar as regras. Mas, no retrato que fez dela, Leonardo podia e o faz.

Essa é a ironia da *Mona Lisa.* Trata-se de uma pintura que quebra todas as regras (mas retrata uma mulher que não podia quebrar nenhuma).

AINDA ASSIM, A PERGUNTA PERMANECE. POR QUE ELA É TÃO FAMOSA? POR QUE É A PINTURA MAIS famosa do mundo?

Por que essa pintura?

Alguns dizem que é porque a pintura é *aberta* de uma forma única. Eles querem dizer que é possível interpretá-la da maneira que quiser. A *Mona Lisa* não significa nada por si só, então cada geração pode inventar a própria *Mona Lisa.* Cada geração pode encontrar seu próprio significado.

Talvez isso seja parte da coisa.

Outras pessoas falam sobre os detalhes técnicos. Leonardo revestiu o painel de madeira com uma camada extra e espessa de tinta branca de chumbo. Depois, aplicou inúmeras camadas finas de tinta por cima. Ele sabia que a luz passaria pelas camadas finas e refletiria no chumbo branco. A base refletiria a luz, enviando-a de volta.

Partes da *Mona Lisa* parecem brilhar. É por isso. A pintura está gerando a própria luz.

Talvez isso também seja parte do motivo.

Algumas pessoas falam sobre a técnica magnífica da pintura, como Leonardo pegou tudo o que aprendeu sobre o mundo e colocou nesse pedaço de madeira de choupo. A *Mona Lisa* é o ápice do sfumato. Todas as bordas são desfocadas e esfumaçadas, sem uma única pincelada visível.

Mas não é a única pintura tecnicamente magnífica do mundo. De forma alguma.

Outras pessoas falam ainda sobre o *fenômeno Mona Lisa*. Essa é a maneira assustadora com a qual os olhos de Lisa seguem o espectador pela sala. Onde quer que você esteja, ela já está lá, olhando em sua direção. Isso é verdade, mas é possível observar o mesmo efeito em outros retratos. Leonardo era especialmente bom nisso, sim, mas não é por isso que as pessoas notam.

Elas notam porque estão olhando com muita atenção. É o fenômeno da *Mona Lisa* apenas porque nos preocupamos em perceber isso na *Mona Lisa*.

Por fim, muitas pessoas dirão que a *Mona Lisa* é famosa por seu sorriso misterioso. É um sorriso que parece menos um sorriso caso olhe diretamente para ele e mais um sorriso se você desviar o olhar. Isso com certeza também faz parte de sua fama. Mas ninguém falava muito sobre o sorriso até pouco tempo atrás.

Por que a *Mona Lisa* é a pintura mais famosa do mundo?

O melhor motivo não tem nada a ver com Leonardo da Vinci.

O melhor motivo tem a ver com um homem de jaleco branco que uma vez passou a noite em um armário.

Antes de 1911, a *Mona Lisa* era uma pintura maravilhosa. Entre um pequeno número de pessoas, ela até tinha uma pequena fama. Mas não era *popular*.

Foi o roubo que transformou a *Mona Lisa* em uma celebridade.

Para se manter famosa, no entanto, a pintura precisava ser o centro das atenções. Precisava continuar na primeira página e sob o olhar público. Ser sequestrada por um breve período é uma ótima jogada. Ficar sequestrada para sempre é o fim de sua carreira.

Então foi uma ótima notícia que, no final de agosto de 1911, a polícia de Paris já tivesse os ladrões em vista.

UMA DUPLA DE CARAS LOUCOS E DIVERTIDOS

NO QUAL LOUIS LÉPINE ENCONTRA UMA GANGUE INTERNACIONAL DE LADRÕES E UM MACACO

UMA ESTATUETA ROUBADA DO LOUVRE

EM 29 DE AGOSTO DE 1911, UMA MANCHETE NO *PARIS-JOURNAL* JOGOU A INVESTIGAÇÃO DO roubo da *Mona Lisa* direto para o abismo:

LADRÃO NOS TRAZ UMA ESTATUETA ROUBADA DO LOUVRE

Abaixo estava uma carta sensacionalista que o *Paris-Journal* acabara de receber, com alguns detalhes identificadores omitidos:

Monsieur,

No dia 7 de maio de 1911, roubei uma estatueta fenícia de uma das galerias do Louvre. Estou colocando-a à sua disposição, em troca da soma de ______ francos. Confiando que você respeitará minha confiança, ficarei feliz em encontrá-lo em [tal lugar], entre as ______ e ______ horas.

O roubo da *Mona Lisa* era a melhor história de Paris, e qualquer coisa roubada do Louvre estava potencialmente conectada. O *Paris-Journal* estava disposto a pagar por bens roubados para se aproximar dessa história?

O *Paris-Journal* estava, sem sombra de dúvida, disposto a fazer isso. Um repórter se encontrou com o jovem que tinha enviado a carta, e o jornal o descreveu como tendo "um bom coração e certa falta de escrúpulos". O jornal colocou a estatueta recém-adquirida em sua vitrine frontal, e centenas de parisienses apareceram para vê-la. Por um tempinho, os escritórios do *Paris-Journal* se tornaram um satélite extremamente pequeno do Louvre.

Um tanto constrangedor, o Louvre nem mesmo sabia que a estatueta havia sido roubada. Até o objeto aparecer na primeira página, o museu não tinha notado que ele desaparecera.

Era uma história espetacular para o *Paris-Journal*. Eles haviam recuperado propriedade roubada. Haviam humilhado o Louvre. Estavam potencialmente no rastro da *Mona Lisa*, a história mais quente do novo século. Mas não era suficiente. Para qualquer jornal em Paris, a questão era sempre: como manter a história viva? Como vendemos o jornal de *amanhã*? Então, o *Paris-Journal* pediu para o ladrão contar a própria história. Suas aventuras, como se revelou, haviam começado anos antes:

> *Foi em março de 1907 que entrei no Louvre pela primeira vez, um jovem com tempo de sobra e sem dinheiro para gastar... Era mais ou menos uma hora da tarde... Um único guarda estava sentado, imóvel. Eu estava prestes a subir as escadas que levavam ao andar de cima quando notei uma porta entreaberta à esquerda...*

O ladrão se encontra em uma pequena galeria, sozinho.

Foi naquele momento que percebi, de repente, como seria fácil pegar e levar embora quase qualquer objeto de tamanho moderado... Estando absolutamente sozinho, e sem ouvir som algum, aproveitei o tempo para examinar cerca de cinquenta cabeças que estavam lá, então escolhi a de uma mulher, com, pelo que me lembro, formas cônicas torcidas de cada lado. Coloquei a estátua debaixo do braço, levantei a gola de meu sobretudo com a mão esquerda e saí sem pressa, perguntando o caminho para o guarda, que ainda estava completamente imóvel...

Vendi a estátua para um amigo parisiense meu, que era pintor. Ele me deu um pouco de dinheiro, cinquenta francos, acho, que perdi na mesma noite em um salão de bilhar.

O ladrão disse que retornou ao museu no dia seguinte e roubou outra estátua. Quando voltou a Paris após uma longa ausência, em maio de 1911, roubou mais uma. Porém, desde o roubo da *Mona Lisa*, reclamou ele, tudo havia mudado: "Provavelmente terei que esperar vários anos antes de retomar minhas atividades."

Para a polícia de Paris, era uma pista muitíssimo promissora: um ladrão que roubava do Louvre *e* um pintor parisiense que comprava objetos roubados. O *Paris-Journal* insinuou que esses homens também poderiam ter roubado a *Mona Lisa*.

Logo se deu início a uma caçada pelo ladrão que o *Paris-Journal* entrevistou, um jovem belga chamado Géry Pieret. Ele era um criminoso insignificante. Mas estava conectado a pessoas que eram tudo menos insignificantes, incluindo um pintor que estava prestes a se tornar o artista mais importante deste novo século.

Isso significava que a caça ao ladrão teria consequências bem estranhas. A *Mona Lisa* era o auge da arte renascentista. Mas seu roubo desencadeou uma série de eventos que ameaçariam descarrilar as maiores conquistas da arte *moderna*.

Por algumas semanas em 1911, o futuro da arte em si estava em jogo.

O ESTIMADO WILHELM ALBERT WŁODZIMIERZ APOLINARY KOSTROWICKI

A ASCENSÃO IMPLACÁVEL DA *MONA LISA* É UMA SAGA DE SÉCULOS. HÁ MUITAS HISTÓRIAS AO longo do caminho. Mas não há história mais triste do que a de Guillaume Apollinaire.

O que é uma pena porque, antes de a *Mona Lisa* ser roubada, não havia ninguém mais feliz.

Guillaume Apollinaire tem o melhor nome desta história, mas seu nome completo é ainda melhor, uma magnífica combinação: Wilhelm Albert Włodzimierz Apolinary Kostrowicki.

Ele nasceu em Roma, filho de uma mãe polonesa nobre, mas de pouquíssima importância. Seu pai era suíço. Seu avô era russo. Ele era uma mistureba de nacionalidades europeias em um terno de lã.

Apollinaire afirmava ter uma ascendência aristocrática elevada (também alegava que seu pai era um cardeal ou um papa), mas, se isso fosse verdade, nenhum dinheiro havia restado. Quando criança, sua família fugia de hotéis no meio da noite, deixando a conta para trás.

Após uma infância itinerante, Apollinaire chegou a Paris quando jovem e de imediato sentiu-se em casa. Encontrou sua voz na poesia, a nova variedade modernista. Sua poesia era deslumbrante e intimidadora, mas Apollinaire em si era calmo e afetuoso. Tornou-se uma espécie de mascote em Montmartre, seu decadente e amado bairro. Todos que conheciam Apollinaire o amavam, e quase todos o conheciam.

Ajudava o fato de que, se o visse uma vez, o reconheceria para sempre. Ele tinha um rosto como o de um desenho animado, ou uma cabeça gigante de pedra, ou um imperador romano que tinha comido muitos doces. Sua boca era minúscula e suas sobrancelhas eram como vírgulas, pequenos traços na testa. Ele adorava vagar por Paris. Fazia seus melhores textos enquanto caminhava, de preferência enquanto também conversava. Estes eram seus hobbies: caminhar e conversar.

"Guillaume era extraordinariamente brilhante", disse a escritora norte-americana Gertrude Stein, que conhecia todos da cena parisiense, "e não importava qual assunto fosse abordado, se soubesse algo a respeito ou não, ele logo via o significado completo da coisa e o elaborava com inteligência e imaginação, levando-o além do que qualquer pessoa que soubesse de algo era capaz, e, curiosamente, na maior parte do tempo de maneira correta."

Gertrude Stein conhecia Apollinaire melhor na companhia de um jovem e ardente espanhol, você poderia chamá-lo de o amigo pintor parisiense de Apollinaire.

Seria assim que a polícia parisiense o chamaria.

PABLO PICASSO ERA PERFEITO PARA ESSE REVOLUCIONÁRIO NOVO SÉCULO, E ELE CHEGOU A PARIS no momento certo: 1900.

Baixinho e intenso, com olhos ardentes, o pintor espanhol não conseguia falar como Apollinaire. Seu francês era capenga havia anos. Mas ele conseguia pintar como ninguém e, em breve, faria seu nome pintando como jamais haviam feito antes.

Vestindo macacões azuis surrados, o uniforme de um eletricista, Picasso dormia durante o dia e trabalhava à noite, com um tipo ardente de disciplina. Em seus primeiros anos em Paris, viveu na mais completa pobreza. Não por escolha. Mas porque quase ninguém queria suas pinturas.

Seu apartamento em Montmartre, que também servia como estúdio, era minúsculo. As paredes eram um pouco mais grossas do que lenços de papel. No inverno, o apartamento congelava. Havia apenas um único fogão para aquecimento, com uma montanha de cinzas ao lado. No verão, os cômodos eram tão quentes que eram insuportáveis. Os visitantes não vestiam quase nada.

O estúdio de Picasso não era adequado para a alta sociedade e, talvez por isso, tornou-se um ponto de encontro improvável. Era um lugar barulhento e intoxicante. Convidados apareciam o tempo todo, tentando entender esse novo mundo que ele colocava na tela. Cães perambulavam pela bagunça. Assim como o rato de estimação de Picasso. Assim como seu macaco de estimação.

O próprio Picasso era magnético. Não era sofisticado nem educado. Na verdade, era explosivo. Mas tinha o futuro da pintura dentro de si.

Esse futuro era chamado de *cubismo*. Exigia nada menos que ignorar todas as regras da perspectiva. Isso não era pouca coisa. A perspectiva (fazer com que uma superfície plana pareça ter profundidade) foi a grande conquista da pintura renascentista. Foi a inovação que possibilitou todas as pinturas penduradas no Salon Carré. Mas Picasso não queria pintar de *uma* perspectiva. Ele queria pintar de *todas* as perspectivas: pintar todos os lados de uma pessoa ou coisa de uma só vez.

Com uma audácia incrível, Picasso, em conjunto com Georges Braque, um pintor de casas que se tornou pintor modernista, eliminou quase toda cor e perspectiva de seu trabalho. O que restou foi forma: cada forma vista de todos os ângulos de uma só vez. Era uma arte de alto risco. "Éramos como alpinistas amarrados juntos", disse Braque.

O trabalho deles era chocante e confrontador. Olhar para ele exigia *esforço*. Até mesmo Braque achava que eles talvez tivessem ido longe demais. Antes de se unir a Picasso, ele criticava o cubismo por ser muito agressivo. Comparou o processo a beber querosene para cuspir fogo: o efeito seria magnífico, mas a pessoa morreria enquanto fizesse isso.

Braque estava certo e errado ao mesmo tempo.

Eles não morreram.

Mas o efeito *foi* magnífico.

PICASSO ESCREVEU UMA SAUDAÇÃO EM SUA PORTA DA FRENTE: *AU RENDEZVOUS DES POETES.*

Não dizia *Local de encontro dos pintores.* Os pintores que visitavam o estúdio de Picasso em geral saíam confusos. A saudação dizia *Local*

de encontro dos poetas. Eram os poetas, não os pintores, que entendiam o que Picasso estava tentando fazer, e o principal poeta do círculo de Picasso era Apollinaire.

Eles formavam uma dupla perfeita: Picasso não sabia falar, mas sabia pintar como ninguém; Apollinaire não sabia pintar, mas sabia falar como ninguém. Juntos, os dois se completavam. A fama de ambos cresceu ao mesmo tempo.

Mas essa fama era muito frágil.

DUAS ESTÁTUAS E UM REVÓLVER

NASCIDO NA BÉLGICA, GÉRY PIERET ENCONTROU SEU CAMINHO PARA PARIS AINDA JOVEM. Charmoso e bonito, com uma inclinação para o crime, conheceu Guillaume Apollinaire enquanto os dois trabalhavam para uma revista de investimentos chamada *Le Guide des Rentiers.* Ter Apollinaire dando conselhos de investimento pode soar uma péssima ideia, e era mesmo. As autoridades fecharam a revista ou por fracassarem em aconselhar os investidores corretamente, ou por terem sucesso em aconselhar os investidores incorretamente.

Apollinaire tinha tomado gosto por Pieret. Deu-lhe um novo nome esplêndido, Barão Ignace d'Ormesan, e o colocou em suas histórias. Também o contratou como seu secretário ocasional. Após o fracasso da revista, quando Pieret ficou sem-teto por um tempo, Apollinaire deixou o jovem belga dormir em seu sofá.

Foi a pior decisão que Apollinaire já tomou.

Em um dia fatídico em 1907, Pieret se levantou do sofá e disse a Marie Laurencin, pintora e parceira de Apollinaire, que iria ao Louvre naquela tarde. "Você precisa de alguma coisa?", perguntou ele, educado.

O Louvre não era apenas um museu. Também era o apelido de um estabelecimento comercial, o Grands Magasins du Louvre. Marie Laurencin achou que Pieret estava indo fazer compras.

E ele estava, mais ou menos. Só não pretendia pagar. Naquela noite, voltou ao apartamento de Apollinaire com uma cabeça de pedra do Louvre, o museu, não o estabelecimento comercial. Então, no dia seguinte, fez tudo de novo.

As esculturas no Louvre não ficavam trancadas nem atrás de expositores. Ficavam em mesas, desprotegidas, como objetos na sala de estar de alguém. Elas viam poucos visitantes que não estavam perdidos. Mas as esculturas roubadas por Pieret tinham uma vida mais emocionante pela frente. Elas virariam de cabeça para baixo a investigação do roubo da *Mona Lisa* e mudariam o rumo da arte moderna.

Nada mau para algumas antigas cabeças de pedra que ninguém queria.

BEM, *QUASE* NINGUÉM.

Pablo Picasso queria as esculturas e as comprou de Pieret. Elas combinavam com as ideias que tinha. Na verdade, pareciam ter sido feitas por um cubista novato, um cubista muito, *muito* novato. A semelhança era impressionante.

Picasso estava prestes a fazer um grande avanço em sua arte, um salto tão à frente que poucos iriam apreciar o que tentava fazer. As estátuas o ajudaram a dar esse salto; elas forneceram metade da inspiração de que ele precisava. A outra metade ele descobriu no Musée d'Ethnographie du Trocadéro. Se o Louvre estava cheio de objetos comprados ou roubados de toda a Europa, o Trocadéro estava cheio de objetos comprados ou roubados do mundo inteiro. A França tinha um vasto império colonial:

no início do século XX, suas colônias se estendiam por quase toda a África ocidental e central. Era um empreendimento violento e racista, e os franceses despojaram suas colônias de qualquer coisa que achassem notável ou valiosa. Esses objetos muitas vezes acabavam em Paris e, uma vez lá, muitas vezes, acabavam no Trocadéro.

O museu era uma bagunça empoeirada, cheia de mofo, mal financiada e negligenciada. Deveria ser um lugar educativo, um registro de diferentes povos e culturas. (O lugar não educava ninguém sobre colonialismo nem como os objetos em exibição chegaram lá.) Não deveria conter nada tão grandioso quanto arte.

Mas Picasso não se importava. Quando foi ao Trocadéro, sabia a importância daquilo que olhava: "Entendi por que sou pintor." Ele encheu sua imaginação com o que viu.

As máscaras que viu lá eram do que hoje é o país do Gabão, na costa ocidental da África. No Trocadéro, foram apresentadas como objetos atemporais, imutáveis e primitivos, evidência de uma cultura atemporal, imutável e primitiva. Pelo menos estas eram as pressuposições feitas pelos curadores parisienses. E estavam todos errados. As máscaras que Picasso viu, expressivas, com traços marcantes, totalmente novas, eram, na verdade, obras de arte recentes e inovadoras de um jeito brilhante.

Picasso se apropriou dessas inovações. Voltou para casa, esticou uma enorme tela (de dois metros e meio de comprimento por dois metros e meio de largura) e começou a trabalhar em uma pintura que se tornou conhecida como *Les Demoiselles d'Avignon*.

Há momentos raros na história em que um único objeto ou ação muda tudo, quando há uma ruptura limpa e violenta com o passado e uma entrada em um futuro incerto. Na história da arte moderna, essa honra pertence a *Les Demoiselles d'Avignon*.

Trata-se de uma pintura de um pequeno grupo de mulheres, o que não era um assunto novo. Mas Picasso abandonou por completo qualquer noção de perspectiva, e o efeito é chocante. Durante séculos, pintores tentaram usar todo tipo de truque de perspectiva para fazer parecer que as pinturas não eram planas. Picasso não usa nenhum desses truques. *Les Demoiselles d'Avignon* tem uma aparência extremamente plana. Os truques de Picasso são diferentes: ele quer mostrar as mulheres de múltiplos ângulos de uma vez só. Uma figura agachada, por exemplo, é mostrada de todos os ângulos ao mesmo tempo (de trás, de frente, de lado).

As figuras à direita são inspiradas nas máscaras africanas. As figuras à esquerda são retiradas diretamente das estátuas de Pieret. Meio século mais tarde, Picasso admitiu: "Se você olhar para as orelhas de *Les Demoiselles d'Avignon*, reconhecerá as orelhas daquelas esculturas!"

Hoje, historiadores de arte gostam de dizer que *Les Demoiselles* empodera os espectadores. Coisa que, aliás, também dizem da *Mona Lisa.* Com isso, querem dizer que ambas as pinturas estão abertas à interpretação. Mas as semelhanças acabam por aí. Se a *Mona Lisa* é o rosto humano mais famoso da história da arte, *Les Demoiselles* é um machado lançado contra ele. Não é uma pintura bonita. É brutal e desconfortável.

Na época, ninguém se sentiu empoderado por *Les Demoiselles*. Mas sentiram, sim, algo: sentiram que odiaram a obra. Visitante após visitante passava pelo estúdio de Picasso e encarava *Les Demoiselles* com incredulidade. Uma parede em branco teria recebido mais elogios.

Uma década depois, Pablo Picasso seria famoso. Mas a fama ainda não havia chegado. Picasso vivia em um apartamento decrépito e tinha pintado uma obra gigante que ninguém conseguia suportar. Ele enrolou a *Les Demoiselles* e a escondeu. (A obra não voltaria a aparecer em público por mais trinta anos.)

Ainda assim, Picasso acreditava em sua visão e acreditava que o futuro o reivindicaria.

Ele estava certo.

Mas quase não chegou lá.

Ele quase foi destruído pelas estátuas que o inspiraram.

COMO QUALQUER PARISIENSE SENSATO, PABLO PICASSO NÃO ESTAVA EM PARIS EM AGOSTO DE 1911.

Ele havia fugido do calor para o ar fresco do campo. Picasso saía de Paris todos os verões e, dessa vez, tinha alugado uma casa nos Pireneus, a cadeia de montanhas entre a França e a Espanha. Havia poucos confortos; era o mais distante da vida moderna que se poderia ficar na França. Para Picasso, era perfeito.

Então, o desastre aconteceu: o *Paris-Journal* chegou aos Pireneus, com o relato de Pieret sobre seu roubo na primeira página. Picasso leu com crescente horror. Em Paris, Apollinaire teve a mesma reação.

Eles tinham bons motivos para estarem horrorizados. Havia estátuas que Pieret não tinha devolvido, e Picasso e Apollinaire sabiam onde essas estátuas estavam. Também conheciam Pieret. Conheciam-no bem o suficiente para saber que não tinham ideia do que mais ele poderia ter feito. Pieret poderia ter roubado a própria *Mona Lisa*. Mesmo que não tivesse feito isso, com certeza seria suspeito do crime.

As estátuas roubadas, a conexão suspeita com um ladrão registrado: isso era o suficiente para arruinar Picasso e Apollinaire.

Os dois eram figuras importantes em Montmartre, mas irrelevantes em quaisquer outros lugares da França. Eram pobres e imigrantes. Trabalhavam nas margens, criando arte que poucas pessoas entendiam ou gostavam. Estavam longe do *establishment*, longe de qualquer um que pudesse protegê-los. E estavam ligados a pessoas que queriam derrubar esse *establishment*: anarquistas.

A crença central do anarquismo é que o governo é opressivo e que as pessoas só serão livres quando puderem se governar diretamente. Na época do roubo da *Mona Lisa*, o anarquismo na França tinha um tom violento. Menos de vinte anos antes, um anarquista havia assassinado o presidente francês. Atentados com bombas eram comuns. A ameaça do anarquismo violento assombrava o estado francês.

Picasso e Apollinaire eram próximos de alguns anarquistas, e o governo sabia disso. No fundo dos arquivos da polícia de Paris está a ficha de Picasso: seus amigos, suas associações questionáveis, suas inclinações políticas. (O que exatamente está escrito ainda é um segredo.) Sem dúvida há uma nota sobre o dramaturgo anarquista Alfred Jarry, que uma vez deu a Picasso uma pistola Browning (a arma preferida dos anarquistas). Não passava de uma piada. A ideia era que Picasso fosse usar a pistola para ir à guerra contra as velhas tradições da arte. Picasso achou a pistola útil. Quando lhe perguntavam o que uma pintura significava, com frequência a disparava. Era uma forma muito persuasiva de crítica de arte.

Mas a polícia poderia olhar para aquela pistola e enxergar um tipo bem diferente de guerra.

Nos Pireneus, Picasso arrumou as malas. Deixou seu macaco com os vizinhos. E correu de volta a Paris.

Ele estava prestes a mudar o rumo da história da arte, e sabia disso.

Só precisava ficar fora da cadeia.

DR. NO (PARTE 2)

POR QUE PICASSO E APOLLINAIRE FICARAM TÃO PREOCUPADOS?

Vamos voltar às esculturas roubadas.

Géry Pieret pensou que as estátuas fossem fenícias, feitas pelo povo do mar da Grécia Antiga. Não eram. Eram ibéricas, feitas pelo povo que vivia na Espanha antes dos romanos. Vinham da terra natal de Picasso, o sul da Espanha.

Picasso era um grande colecionador e adorava colecionar arte espanhola. Gostava em especial de peças negligenciadas, dos descartes da história da arte. Ele era um acumulador e seu estúdio era um ferro-velho de objetos brilhantes, onde tudo ficava à mostra.

Mas não as cabeças ibéricas.

Picasso tinha um motivo para esconder as cabeças: ele sabia exatamente de onde vinham. Na verdade, conhecia como a palma da mão a seção específica do Louvre onde ficavam. Dizia-se que ele rondava as exposições de lá "circulando como um cão à procura de caça". Picasso sabia que era dono de propriedade roubada. Dificilmente poderia negar. As estátuas tinham um carimbo na parte inferior:

PROPRIEDADE DO MUSEU DO LOUVRE.

Mas o envolvimento de Picasso ia além de apenas comprar as estátuas. Imagine Pieret, entrando no Louvre. A segurança é horrível. Ele pode pegar o que quiser da coleção. Por que escolhe essas cabeças?

Não para vender. Na época, não havia mercado para esse tipo de estátua antiga.

Não por diversão. As cabeças eram pesadas e desajeitadas, difíceis de roubar.

Não para ficar com elas. Lembre-se, Pieret nem mesmo sabe *o que* roubou, acredita que as cabeças são fenícias, e não ibéricas. Isso deixa duas opções:

1. Pieret por acaso escolheu um objeto impossível de vender, complicado de roubar e desejado especificamente por Picasso. Isso é possível. É muito improvável, mas é possível.

Ou:

2. Alguém disse a Pieret para onde deveria ir. Pieret foi instruído sobre o que roubar.

Parece bem mais provável que as estátuas tenham sido um roubo encomendado. Foram roubadas para um colecionador bastante específico, que queria desfrutá-las na privacidade de sua própria casa. No final das contas, de fato *há* um Dr. No nessa história. E é Pablo Picasso.

Ele não tem uma mansão. Tem um apartamento decadente em Montmartre.

Picasso ficou tão preocupado porque era culpado. Para um crítico de arte, a evidência estava bem ali na tela, e tudo que a polícia de Paris tinha que fazer era olhar para a *Les Demoiselles d'Avignon*.

Ou, caso a polícia de Paris não fosse crítica de arte, eles só precisavam abrir a cômoda de Picasso.

As cabeças, todas embrulhadas, estavam no fundo de sua gaveta de meias.

PICASSO HAVIA CORRIDO DE VOLTA PARA PARIS QUANDO LEU A MÁ NOTÍCIA NO *PARIS-JOURNAL*. LÁ, encontrou Apollinaire, que tinha notícias piores: havia acabado de ver Pieret. Na verdade, Pieret estava hospedado em sua casa quando a *Mona Lisa* foi roubada. Quando Apollinaire soube do roubo, ficou se perguntando do possível envolvimento de seu hóspede. Mesmo que não estivesse, estava na cara que o jovem belga era capaz de causar problemas, e Apollinaire ficou preocupado: deu algum dinheiro a Pieret e o mandou sair da cidade.

Isso significava que Apollinaire era culpado de ajudar um fugitivo a escapar. E, se Pieret *tinha* roubado a *Mona Lisa*, Apollinaire era culpado de ajudar o homem mais procurado do mundo.

Picasso e Apollinaire consideraram fugir da França. Mas ainda tinham as estátuas, e, tal qual a arma em um assassinato, as estátuas os ligavam ao roubo. Eles precisavam se livrar delas o mais rápido possível.

O que um assassino faria com uma arma? Ele a jogaria em um rio. Então, Picasso e Apollinaire decidiram jogar as estátuas no Sena. Mas as estátuas eram mais chamativas do que uma arma. E se alguém as visse caindo no Sena? Sendo assim, mudaram de plano. Decidiram colocar as estátuas em uma mala e atirar a *mala* no Sena.

Naquela noite, no apartamento de Picasso, os dois jogaram cartas. Eles nunca jogavam cartas; não conheciam nenhum jogo de cartas. Estavam *atuando*. O que os bandidos fariam antes de saírem para um trabalho? Picasso e Apollinaire acharam que os bandidos jogariam cartas. Portanto, eles também jogariam cartas.

À meia-noite, saíram do apartamento de Picasso com uma mala pesada. Paris estava silenciosa, mas ruídos ecoavam pelas ruas de paralelepípedos. Sombras surgiam do nada. Em cada uma delas, os dois enxergavam um policial. "Eles achavam que estavam sendo seguidos", disse Fernande Olivier, parceira de Picasso, que tinha acabado de vê-los fracassando em jogar cartas. "A imaginação deles criou mil possibilidades", acrescentou ela, "cada uma mais fantástica do que a outra."

A realidade já era ruim o suficiente.

O pintor e o poeta por fim retornaram ao apartamento de Picasso no meio da noite. Ainda carregavam a mala. Ou estavam com medo demais para jogar as estátuas fora ou não suportavam a ideia de vê-las no fundo do Sena. De qualquer forma, eram bandidos de quinta categoria.

E também estavam exaustos. Pela última vez, foram dormir ao lado das cabeças ibéricas antigas.

Na manhã seguinte, Apollinaire pegou a mala e saiu para outra caminhada. Não foi em direção ao Sena. Foi para o *Paris-Journal*.

O *PARIS-JOURNAL* NÃO CONSEGUIA ACREDITAR EM SUA SORTE. A manchete principal dizia:

> ***ENQUANTO ESPERA PELA* MONA LISA, *O LOUVRE RECUPERA SEUS TESOUROS***

Ao levar as estátuas para o *Paris-Journal*, Apollinaire tinha feito um grande favor a Picasso: permitiu que seu amigo ficasse de fora da história. O jornal prometeu não revelar o nome de Apollinaire,

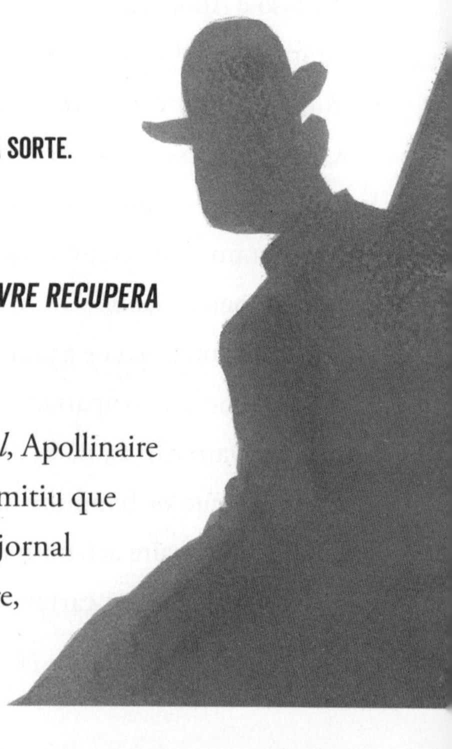

mas a promessa era oca. Todos lá conheciam Apollinaire. (Ele mesmo já havia escrito para o *Paris-Journal.*) Sua identidade com certeza vazaria.

Apollinaire disse ao jornal que tinha visto a fotografia da estátua de Pieret e ficado chocado (*chocado*) ao perceber que suas cabeças antigas também poderiam ter sido roubadas do Louvre. Ele não fazia ideia. Mas, assim que suspeitou que eram propriedade roubada, as trouxe no mesmo instante.

Era tudo mentira, claro. E não era uma mentira que duraria muito tempo.

Em agosto de 1911, qualquer propriedade roubada do Louvre estava potencialmente conectada ao roubo da *Mona Lisa* e, com a polícia de Paris ansiosa para prender alguém, ninguém iria pensar muito sobre como essa conexão era forte. Estar conectado às estátuas já era ruim o suficiente para Apollinaire. Mas então Géry Pieret, sendo Géry Pieret, conseguiu piorar tudo.

No dia seguinte, o *Paris-Journal* publicou uma carta de "nosso ladrão" sobre o pior assunto possível: a *Mona Lisa*. "Espero de todo o coração que a *Mona Lisa* seja devolvida a vocês", escreveu Pieret. "Não estou contando muito piamente com tal evento." Pieret insistiu que o ladrão do retrato não vendesse a pintura e, em vez disso, a desse ao *Paris-Journal.* "Só posso aconselhar a pessoa que, no momento, possui a obra-prima de Da Vinci que a coloque inteiramente em suas mãos. Ele tem a palavra de um colega de que a boa-fé do jornal está acima de qualquer suspeita."

Não soava como a carta de um homem inocente. Soava como a carta de um homem que sabia bem mais do que estava dizendo. Pieret poderia muito bem ter escrito para a polícia de Paris e dito: *A propósito, sei bastante sobre o roubo da* Mona Lisa. *Talvez seja de seu interesse investigar todos que conheço.*

E foi exatamente o que aconteceu.

O INIMIGO INTERNO

A BATIDA À PORTA DE APOLLINAIRE VEIO MENOS DE UM DIA DEPOIS.

Apollinaire a abriu e encontrou dois detetives parados ali. A dupla revirou seu apartamento de cabeça para baixo e, em algum lugar do caos, descobriu cartas de Géry Pieret.

Foi o suficiente. Apollinaire foi levado para o Palais de Justice. Lá, confessou que conhecia Pieret e que o tinha ajudado a sair de Paris. Como Pieret agora era um foragido da lei, Apollinaire foi preso e acusado de abrigar um criminoso e ajudá-lo a fugir.

Mas a polícia de Paris suspeitava de que o envolvimento de Apollinaire ia muito além disso.

"Estamos no rastro de uma gangue internacional de ladrões que vieram para a França com o objetivo de despojar nossos museus", anunciou um porta-voz da polícia. "*Monsieur* Guillaume Apollinaire cometeu o erro de dar abrigo a um desses criminosos. Ele tinha ciência do que estava fazendo? É o que vamos descobrir. De qualquer forma, temos certeza de que em breve estaremos na posse de todos os segredos da gangue internacional."

A gangue internacional.

Enfim uma gangue internacional de ladrões havia sido encontrada, e, segundo a lógica da investigação, se havia uma gangue internacional, a *Mona Lisa* não poderia estar muito longe dela. Mofando na prisão, ainda vestindo seu terno de lã, Apollinaire foi acusado do roubo da *Mona Lisa.*

A França ainda era assombrada pelo caso Dreyfus (a ideia do inimigo interno). Diferente de Dreyfus, Apollinaire não era judeu, mas as publicações antissemitas da época achavam mais fácil simplesmente chamá-lo de judeu. Ele *era*, sim, imigrante, havia adotado a França e a amava sem pudor algum, mas agora era retratado como um estrangeiro. Na imprensa popular, Apollinaire não era mais um poeta nem crítico de arte. Não era mais um representante da cultura francesa. Era o inimigo interno.

Louis Lépine fez uma visitinha a Apollinaire na prisão.

Apollinaire não teve escolha. Ele abriu o bico.

A BATIDA SEGUINTE FOI NA PORTA DE PICASSO.

Isso aconteceu cedo, por volta das sete da manhã. Para Picasso, que quase nunca se levantava antes do meio-dia, era uma hora obscena. Ele cambaleou até a porta de roupão e encontrou um detetive parado ali.

Picasso era esperado no Palais de Justice, o detetive lhe disse. Esperavam por ele no tribunal, *agora*. Deveria se vestir.

O pintor, destemido em sua arte, voltou ao quarto tremendo de medo. Tremia tanto que nem conseguia se vestir. Olivier teve que o ajudar. Picasso escolheu uma camisa de bolinhas vermelhas e brancas e uma gravata que não combinava. Era um desafio, como um toureiro se vestindo para a arena.

Mas ele não parecia um toureiro. Parecia ridículo.

Enquanto Picasso estava a caminho do centro, Apollinaire sentava-se em uma pequena cela no Palais de Justice. Estava sujo, exausto e pálido. Sua gola estava rasgada, a gravata havia sumido. Devia ter pensado que tinha chegado ao fundo do poço. Apollinaire estava prestes a afundar mais ainda.

Após horas na cela sufocante, Apollinaire foi levado até um tribunal por um corredor cheio de fotógrafos. O mundo inteiro estava de olho nele, a primeira pessoa presa no roubo da *Mona Lisa.* "De repente, me vi sendo encarado como se fosse uma fera estranha", escreveu depois. "Acho que devo ter rido e chorado ao mesmo tempo."

Picasso olhou para ele e viu um estranho: nunca tinha visto o poeta elegante e digno naquele estado. Se conseguiam fazer isso com Apollinaire, o que poderiam fazer com ele?

Picasso estava aterrorizado e desesperado para salvar a própria pele. Quando o juiz perguntou a ele se conhecia o homem inchado e patético do outro lado do tribunal, Picasso olhou para o amigo com cuidado.

"Nunca o vi antes", afirmou ao juiz.

Para Apollinaire, isso foi pior do que tudo que havia acontecido antes. Pior do que a prisão, os fotógrafos e a humilhação. Em sua hora de maior necessidade, seu amigo mais próximo fingiu não conhecê-lo. Ele tinha sido abandonado.

No tribunal, Apollinaire admitiu que possuíra arte roubada do Louvre. Admitiu que havia abrigado Pieret e possibilitado sua fuga. Até mesmo admitiu que, anos antes, havia assinado um manifesto que pedia que o Louvre fosse incendiado. Mas não admitiu a culpa por ter roubado

a *Mona Lisa;* afinal, ele não a havia roubado. Picasso ora admitia, ora negava sua culpa. O que exatamente ele disse, o quanto traiu o amigo, ainda não está claro. Nem Picasso nem Apollinaire eram testemunhas confiáveis de suas próprias vidas.

Mas, para a polícia de Paris, uma única e decepcionante verdade se tornava clara: esses homens não se pareciam em nada com uma gangue internacional de ladrões. Ou, pelo menos, não com uma capaz de roubar a *Mona Lisa.* No final, a polícia não tinha evidência alguma que ligava a dupla ao roubo. O caso de Louis Lépine estava desmoronando. A *Mona Lisa* parecia estar mais distante do que nunca.

Picasso foi liberado, mas ordenado a permanecer em Paris. O pintor estava destroçado. Sua imensa autoconfiança, a audácia que lhe tinha permitido inventar um estilo totalmente novo de pintura, havia desaparecido. Ele ficava em casa, saindo de seu apartamento apenas à noite, trocando de táxis para evitar ser seguido. Esperava ser preso a qualquer momento.

Ele havia sobrevivido, mas levaria muito tempo até que acreditasse nisso.

O HOMEM QUE ROUBOU A *MONA LISA*

DEPOIS DE QUASE UMA SEMANA NA PRISÃO LA SANTÉ, GUILLAUME APOLLINAIRE SAIU DE LÁ livre.

Ele não foi para casa. Foi para os escritórios do *Paris-Journal*, o lugar onde a história havia começado, e escreveu um extenso relato de seu tempo na prisão. "Tive uma impressão de morte", disse ele sobre o tempo que passou preso. "Senti que estava em algum lugar além dos limites da Terra, onde estaria completamente perdido."

As acusações contra ele não haviam sido descartadas e pairaram sobre sua cabeça por meses. Como Picasso, ele presumia que voltaria a ser preso. Estava profundamente deprimido e cada batida na porta o perturbava. Sua reputação estava manchada. Até mesmo sua parceira, Marie Laurencin, o ignorava.

Mais do que tudo, ele temia ser deportado da França, e com bom motivo: agora seu nome estava associado ao roubo da pintura mais famosa do mundo. Quase meio século depois, um amigo seu escreveria: "Guillaume Apollinaire, de modo abrupto, tornou-se famoso em todo o mundo. Consideravam-no como o homem que havia roubado a *Mona*

Lisa. Mesmo hoje há parisienses que acreditam nisso e que ficam um pouco decepcionados ao descobrirem que Apollinaire não teve nada a ver com o roubo."

Todo o episódio, o "*affaire des statuettes*", pesaria sobre sua cabeça pelo restante de sua curta vida.

A "impressão de morte" que Apollinaire tinha sentido ao entrar na prisão, ela não estava errada.

DE VOLTA AO PALAIS DE JUSTICE, LOUIS LÉPINE AINDA PROCURAVA SUA GANGUE INTERNACIONAL de ladrões. *La bande de Picasso* (a gangue de Picasso) tinha preenchido quase todos os requisitos. Era internacional. Era uma gangue. E incluía ladrões.

Só que eles não tinham roubado a *Mona Lisa*.

Louis Lépine havia chegado muito perto do que estava procurando. Mas ainda estava bem longe de onde precisava estar.

UMA MULHER PERIGOSA

NO QUAL LEONARDO DEIXA ESTE MUNDO, E A *MONA LISA* SE TORNA MISTERIOSA

ROMA, 1513

JÁ SE PASSOU UMA DÉCADA DESDE QUE LEONARDO DA VINCI COMEÇOU A *MONA LISA*. Lisa Gherardini está com seu retrato? Não. Leonardo terminou de fazer o retrato? Não. Vai terminar?

Ninguém sabe.

Agora, Leonardo está em Roma, onde um novo papa da família Médici (papa Leão X) está ocupado levando o Vaticano à falência ao comissionar imensas obras de arte novas. Há dinheiro em Roma. Há oportunidade.

A decisão de se mudar foi facilitada ainda mais pela morte de Ser Piero di Antonio, o pai de Leonardo. No final de sua longa vida, Ser Piero não esqueceu como Leonardo veio ao mundo: ele tirou o filho bastardo do testamento. Leonardo não herdou nada.

Leonardo da Vinci é conhecido nas cortes mais ilustres da Itália renascentista. Viu cenas de esplendor inimaginável, ajudou a criar esse esplendor. Mas ainda é um forasteiro, até mesmo dentro da própria família.

Em Roma, a encomenda de Leonardo não vai bem: antes de começar, ele decide que precisa aperfeiçoar o verniz, a coisa de que precisará depois de *terminar* a pintura. O papa Leão X observa isso e, com ar célebre, diz:

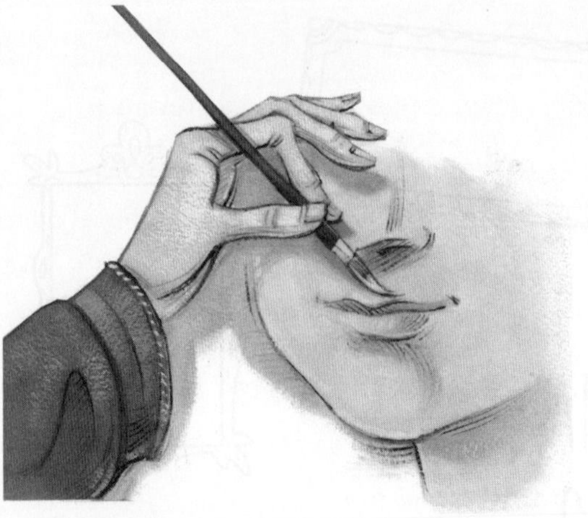

"Ai de mim! Este homem nunca fará nada, pois já está pensando no fim antes de começar."

Em vez da comissão do papa, Leonardo trabalha no retrato que ainda não entregou a Francesco e Lisa Gherardini. Adiciona pincelada invisível após pincelada invisível. E pega todas as coisas que aprendeu sobre pintura desde que chegou ao estúdio de Verrocchio e canaliza tudo em Lisa Gherardini.

Mesmo incompleta, a *Mona Lisa* é considerada uma obra-prima por outros artistas da época. Rafael, o jovem prodígio da pintura renascentista, fica tão encantado que faz suas próprias versões da pintura. Mas Leonardo ainda não terminou. Não quer deixar o quadro ir embora.

A *Mona Lisa* não é tudo em que Leonardo está trabalhando, é claro. Ele estuda a fabricação de espelhos, uma área de dificuldade diabólica. E propõe um elaborado sistema de drenagem para os pântanos romanos.

E, na calada da noite, ele disseca corpos.

LEONARDO TINHA DISSECADO SEU PRIMEIRO CADÁVER DÉCADAS ANTES. EM POUCO TEMPO, AQUILO se tornou uma obsessão. Em um único inverno em Florença, chegou a dissecar vinte corpos.

Suas notas das sessões de dissecação são exaustivas. Seus desenhos são impressionantes. Os esboços nos dão a impressão de que estamos olhando para o cadáver ao lado de Leonardo. Que esse corpo foi aberto na *nossa* frente.

Imagine-o no hospital. Não há refrigeração, então um corpo humano está apodrecendo diante dele. O cadáver exala um odor e, a cada minuto que passa, esse odor se intensifica. A fragrância da morte penetra as vestes dele. Moscas rondam sua cabeça.

Para Leonardo, é irresistível. Na noite seguinte, ou na semana seguinte, há outro corpo. E ele faz a mesma coisa de novo.

Leonardo é honesto a respeito das dificuldades. Para desenhar todas as veias, tem que usar vários corpos em sucessão, porque "um único corpo não duraria o suficiente". A decomposição é tão rápida que o corpo se torna inutilizável. "Talvez você seja dissuadido pelo revirar de seu estômago", escreve ele.

As veias, a coluna vertebral, o sistema nervoso: está tudo lá nos cadernos de Leonardo, hachurados e detalhados de modo imaculado. Ele é fascinado, em particular, pelo coração. Na época, o coração era considerado um espetáculo secundário, um órgão de segunda categoria. As pessoas acreditavam que o fígado controlava a circulação sanguínea. Em contraste, Leonardo viu que o coração estava no centro de tudo (no *coração* de tudo). Mas viu isso porque confiava apenas nas próprias observações; não estava cego por suas expectativas. Ainda mais notável, Leonardo deduziu a maneira como as válvulas de um coração batendo se abrem e se fecham, algo que *não poderia* ter visto. (Um coração parado não bate.) Foi só na década de 1960 que a medicina, enfim, concordou com ele.

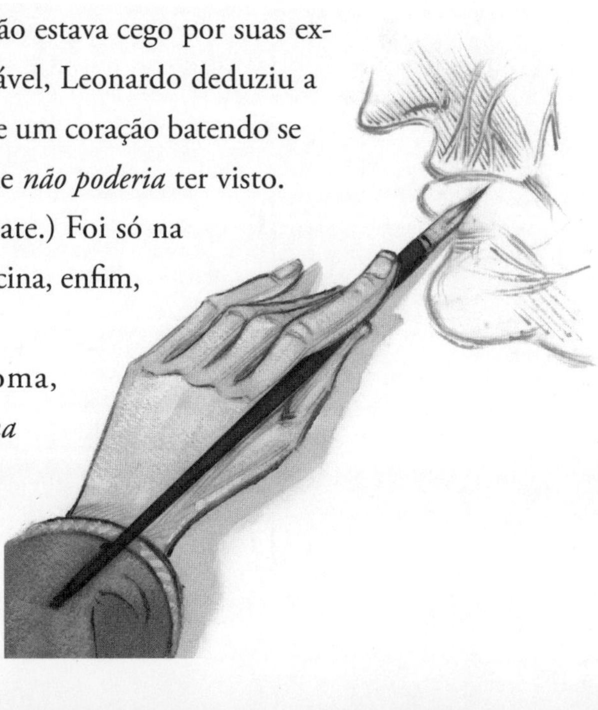

Durante o dia, em Roma, Leonardo trabalha na *Mona Lisa.* Durante a noite, ele traça os mecanismos internos de uma pessoa que apenas algumas horas antes estava viva. Essas atividades estão intimamente ligadas. As aventuras anatômicas de Leonardo lhe ensinam como os rostos são compostos. Seus retratos sublimes são, em parte, o produto de seu tempo, com moscas vorazes e corpos em decomposição. Olhar para a *Mona Lisa* é olhar para Leonardo no necrotério, com um rosto esfolado à frente, desenhando os nervos e músculos que se unem para formar um sorriso.

A notícia de suas atividades noturnas se espalha. "O papa descobriu que esfolei três cadáveres", escreve Leonardo em seu caderno. É uma ofensa grave. A dissecação é proibida pela Igreja Católica Romana. É uma heresia, vai contra a palavra de Deus.

Ele se safa com facilidade. Simplesmente lhe dizem: "Por favor, pare de esfolar cadáveres."

Dessa vez, pelo menos, ele obedece.

FRANÇA, 1516

ENQUANTO LEONARDO ESTÁ EM ROMA, ESFOLANDO CADÁVERES, FRANCISCO I PASSA PELA CIDADE. O jovem e vibrante rei da França é um intelectual, um homem de tremenda energia e curiosidade. Ele é o par perfeito para Leonardo. Francisco o recruta para se juntar à sua corte no Château d'Amboise, no vale do Loire.

Leonardo nunca esteve na França. Não conhece ninguém lá. Está com 64 anos, uma idade que poucas pessoas alcançavam na época. Ele nunca saiu da Itália e, ao fazê-lo agora, pode nunca mais voltar.

Mas ele aceita. Talvez esteja desesperado. Talvez se sinta subvalorizado. Talvez espere que uma nova aventura traga novos conhecimentos.

Na viagem mais longa de sua vida, Leonardo atravessa os Alpes. É verão. As flores silvestres estão desabrochando. A neve permanece

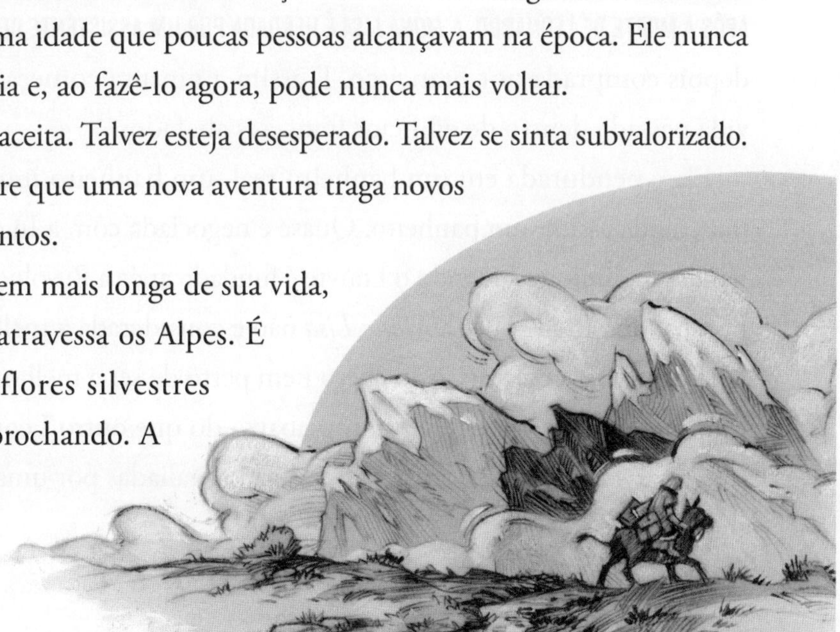

apenas nos picos mais altos. A *Mona Lisa* atravessa com ele, nas costas de uma mula.

Na França, a única obrigação de Leonardo é conversar com Francisco sobre o que Francisco quer conversar. Pela primeira vez na vida, Leonardo tem um mecenas que o adora. Francisco chama Leonardo de "filósofo-mago". Mais tarde, diz que "jamais seria capaz de acreditar que houvesse outro homem nascido neste mundo que soubesse tanto quanto Leonardo". No final de uma vida passada em busca de um lar, Leonardo enfim encontrou um lugar para chamar de seu, um que ficava muito longe de sua Itália natal.

Apenas alguns anos depois dessa aposentadoria confortável e semiativa, o tempo de Leonardo acaba. Ele tem 66 anos quando escreve a última nota em seu último caderno.

Dizem que o próprio Francisco estava ao lado do leito de morte de Leonardo.

APÓS A MORTE DE LEONARDO, A *MONA LISA* É HERDADA POR UM ASSISTENTE DE LONGA DATA E depois comprada por Francisco. E assim a pintura começa uma longa vida passada dentro de edifícios franceses abafados.

Ela é pendurada em um banheiro real, um banheiro muito chique, mas, ainda assim, um banheiro. Quase é negociada com a Inglaterra. Sua reputação diminui. Quando o Louvre é fundado após a Revolução Francesa no final dos anos 1700, a *Mona Lisa* não é considerada a melhor pintura renascentista da coleção. Não chega nem perto de ser a melhor. O Louvre coloca o valor da *Mona Lisa* muito abaixo do que outro Leonardo, com sua *Virgem das rochas*, e ambas as obras são avaliadas por uma fração dos trabalhos de Rafael.

A *Mona Lisa* estava caindo no esquecimento.

O retrato já tinha tido uma existência muito cheia, muito improvável e muito estranha. Foi pintado por um homem que não queria mais pintar; era a pintura de uma mulher que quase não aparecia para poder ser vista. Tratava-se de um retrato modesto que, por um tempo, se tornou a mais alta fineza da pintura renascentista.

Mas, no século XIX, a *Mona Lisa* parecia destinada a ser apenas mais uma pintura renascentista extraordinária em um museu de pinturas renascentistas extraordinárias. Seria um pequeno retângulo encantador na parede, atraindo um olhar ocasional, nada de multidões.

Em vez desse destino plácido, a história da *Mona Lisa* se torna algo realmente esquisito. Há ainda mais uma reviravolta em uma história que já é tortuosa o suficiente.

Em vez de cair no esquecimento, a *Mona Lisa* se torna uma sedutora.

Se torna uma mulher perigosa. Uma mulher misteriosa. A mulher que conhecemos hoje.

PARIS, 1850

A TRANSFORMAÇÃO DELA COMEÇA COM UM ÚNICO HOMEM, O POETA E CRÍTICO FRANCÊS THÉOphile Gautier.

Na França de meados do século XIX, Gautier é um escritor de grande influência. Ele também é um desastre, sobretudo em relação às mulheres. Como muitos homens de sua época, o escritor tem dificuldade em enxergar as mulheres como pessoas reais. Ele se sente mais à vontade com mulheres como *ideias* e mais confortável ao impor seus pensamentos sobre elas. Para Gautier, as mulheres são contradições: gentis e manipuladoras, quentes e frias, céu e inferno.

Quando olha para a *Mona Lisa*, ele vê a mesma mistura contraditória, e isso o intimida. Ao ficar diante do retrato, escreve ele, tem a sensação de que é "um garotinho diante de uma duquesa". Acima de tudo, Gautier se fascina pela expressão dela, que "o atrai irresistivelmente e o intoxica". Mas ele também é perturbado por ela. Ela "zomba" de você, escreve. "O arco de seus lábios", acrescenta em outro lugar, "parece estar prestes a explodir em um sarcasmo divino, uma ironia celestial, uma zombaria angelical."

(O estilo de escrita de Gautier é assim mesmo.)

Gautier poderia ter escrito isso sobre quase qualquer pintura, pois era assombrado por diversas. Mas escolheu a *Mona Lisa*, e isso fez toda a diferença. Sua ode a ela muda a história do retrato, pois Gautier está obcecado por um traço facial que ninguém mais havia apreciado:

Seu sorriso.

Gautier transforma a *Mona Lisa* em uma figura de mistério. Em centenas de anos, ninguém chamou o sorriso da *Mona Lisa* de misterioso. Mas, após ler Gautier, *todos* passam a enxergar um mistério ali.

De repente, seu sorriso (não mais alegre, agora enigmático) é a chave da pintura inteira.

Outros, todos homens, começam a enxergar a *Mona Lisa* da mesma maneira. "Cuidado, *La Gioconda* é uma pintura perigosa", escreve o historiador francês Jules Michelet. "A pintura me atrai, me revolta, me consome." Um artista se joga para a morte e culpa a *Mona Lisa*: "Por anos lutei desesperadamente com seu sorriso", escreve ele em seu bilhete de suicídio. "Prefiro morrer."

Quando Lisa Gherardini posou para Leonardo, ela era impotente. Nem sequer podia escolher o próprio marido.

Agora, séculos depois, seu retrato é poderoso o bastante para levar homens à morte.

A *Mona Lisa* se torna um ícone da era romântica. Para os românticos, o amor leva à loucura, e a *Mona Lisa* representa a forma mais elevada de insanidade. O crítico inglês Walter Pater consegue superar até mesmo Gautier com uma descrição exagerada que começa: "Ela é mais velha do que as rochas entre as quais se senta. Como o vampiro, já morreu várias vezes e aprendeu os segredos do túmulo. Foi uma mergulhadora em mares profundos e guarda consigo o dia afundado deles. Traficou por teias estranhas com..."

A descrição de Pater continua e continua, e depois continua ainda mais, enfim parando cerca de cinquenta palavras depois. Ela se torna lendária. Uma geração inteira de alunos ingleses sabe citá-la de cor e salteado.

O escritor irlandês Oscar Wilde mais tarde diz que, quando olhou para a *Mona Lisa*, não viu a pintura: viu a descrição de Pater. A beleza de uma obra de arte não pertence à própria obra, diz Wilde. Pertence ao crítico, que decide o que ela significa. Qualquer um pode entrar no Louvre e ver uma pintura. Um bom crítico pode olhar para a pintura e lhe dizer o que você *não* vê. Um bom crítico pode encontrar coisas, estejam elas lá ou não. Foi isso o que Gautier e Pater fizeram.

Antes deles, a *Mona Lisa* era "um retrato da esposa de um certo comerciante em um humor alegre", como colocou um historiador. Quando Gautier e Pater terminaram seu trabalho, a *Mona Lisa* tinha sido transformada. Já não é mais bem-humorada ou inocente. É misteriosa, sedutora e insondável. É uma pintura que é também um enigma.

O modo como vemos a *Mona Lisa* hoje foi estabelecido por alguns homens obcecados 150 anos atrás.

Mesmo assim, o retrato ainda não é famoso. Apreciar arte é um passatempo da elite (isso aconteceu muito antes de multidões se aglomerarem em museus). Poucas pessoas sabem alguma coisa sobre arte, e muito menos delas sabem o nome de uma única pintura.

Para que a *Mona Lisa* saísse desse círculo elitista, algo dramático teria que acontecer. Algo que a tornasse menos uma obra de arte e mais um ícone. Algo que a colocasse na primeira página.

O último dos eventos improváveis.

MEU NOME É LEONARD

NO QUAL UM HOMEM COM UM BIGODE DE GUIDÃO ENTRA NUMA GALERIA DE ARTE

NÃO HÁ MOTIVOS PARA TER ESPERANÇAS

EM PARIS, O CALOR DE AGOSTO HAVIA PASSADO. UM FRIO OUTONAL CHEGARA. A INVESTIGAÇÃO também tinha esfriado: após a agitação em torno de Guillaume Apollinaire, não houve novas prisões.

Sem novidades para relatar, a *Mona Lisa* não tinha como continuar ocupando a primeira página por muito tempo e, enfim, foi substituída por uma *verdadeira* gangue de ladrões. A Gangue Bonnot era um grupo de anarquistas mais criminoso do que político. Roubavam. Matavam. Inventaram o carro de fuga.

Era uma história sensacional, e a única coisa que poderia tirá-la da primeira página seria algo como o naufrágio do *Titanic*.

Que foi exatamente o que aconteceu.

A *Mona Lisa* foi deixada de lado.

Em 1913, o retrato havia desaparecido dos jornais e do Louvre. Não estava mais listado no catálogo do museu. Após quatrocentos anos na França, a *Mona Lisa* partira de vez. A investigação oficial foi encerrada e um veredito devastador, emitido: "Não há motivos para ter esperanças de que a *Mona Lisa* um dia volte a ocupar seu lugar no Louvre."

A *Mona Lisa* foi substituída por um Rafael, um retrato de um homem chamado Baldassare Castiglione. Era apropriado. Rafael havia prestado homenagem à *Mona Lisa* pintando suas próprias versões e seu Castiglione também estava virado para o lado. Era uma excelente pintura, talvez o melhor retrato renascentista masculino, mas Baldassare Castiglione nunca chegaria a ser uma celebridade.

Após uma vida muito longa em público, a *Mona Lisa* estava vivendo seus dias em particular.

Logo, certamente, seria esquecida.

LEONARD

ALFREDO GERI QUASE JOGOU FORA A CARTA.

Para ser justo, Alfredo Geri recebia muitas correspondências. Como um próspero negociante de arte em Florença, Geri anunciava em jornais por toda a Europa à procura de arte e antiguidades. Naquela manhã de novembro de 1913, examinou o correio para ver o que lhe haviam oferecido. Não era muita coisa.

E então abriu a última carta.

Era de um autoproclamado patriota italiano, agora vivendo no exterior, em Paris. O escritor (que assinava a carta como Leonard) reclamava que o Louvre estava cheio de saques que Napoleão havia tirado da Itália. Muitos dos tesouros da França eram, na verdade, da Itália, dizia o escritor, e agora era hora de o fluxo de bens roubados ir na direção oposta. Ele tinha a *Mona Lisa* e gostaria de devolvê-la à Itália.

Mas precisava da ajuda de Geri.

Geri riu. Mostrou a carta a um amigo. Os dois riram. Era impossível levar a carta a sério. A *Mona Lisa* desaparecera anos atrás e, durante esse período, inúmeras pessoas afirmaram estar em posse da pintura. Apenas alguns meses antes, um cavalheiro inglês quase tinha enganado o Louvre com uma cópia perfeitamente envelhecida. A essa altura, já era praticamente uma regra que qualquer pessoa que afirmasse ter a *Mona Lisa* estava ou bastante confusa ou aplicando um golpe.

Geri estava prestes a jogar a carta no lixo, mas se conteve. Verificou o envelope. Tinha sido carimbado em Paris. Releu a carta. Pensou: *Bem*, talvez… *se houver uma chance…*

Ele consultou Giovanni Poggi, diretor da Uffizi, o grande museu de arte de Florença. Poggi teve uma carreira ilustre: permaneceria como diretor da Uffizi por cerca de quarenta anos; salvaria as pinturas do museu do saque nazista durante a Segunda Guerra Mundial. Mas seus obituários começariam com o que aconteceu após a visita de Alfredo Geri naquela tarde de novembro.

Poggi estudou a carta. Estava ainda mais cético do que Geri, mas valia ao menos tentar. Diga a esse Leonard para trazer a pintura para Florença, disse a Geri. Era quase com certeza uma cópia, então Poggi teria que a examinar pessoalmente.

Leonard concordou, depois cancelou. Então concordou e cancelou de novo.

Depois, do nada, Geri recebeu um telegrama: era Leonard. Estaria em Florença no dia seguinte. Desta vez, ele de fato apareceu. Usava terno e gravata. Tinha um bigode preto em formato de guidão. Não havia trazido pintura alguma. Geri o levou para o escritório e baixou as persianas.

Leonard foi direto ao assunto. A pintura estava em seu hotel, em Florença, e era de fato a *Mona Lisa*. Não havia dúvidas. Leonard podia ter certeza de que era a *Mona Lisa* por um motivo muito simples: ele mesmo havia roubado a obra.

Geri, tão cético antes, estava intrigado. Mas ele tinha um problema, um dos grandes. Leonard apareceu tão subitamente que Poggi estava fora da cidade. Não estaria em Florença até o dia seguinte. E, sem Poggi, Geri não seria capaz de ter certeza de que aquela *Mona Lisa* era falsa ou não.

Ele o enrolou. Ou ofereceu uma recompensa, ou Leonard pediu uma recompensa, os relatos diferem, mas, de qualquer forma, Geri não tinha intenção de pagar nada. Só queria conseguir a pintura e diria quase qualquer coisa para que isso acontecesse.

Geri explicou que precisava do diretor da Uffizi para autenticar a pintura. Leonard poderia voltar no dia seguinte?

Leonard concordou em retornar, mas retornaria mesmo? Ele tinha acabado de admitir que havia roubado a *Mona Lisa*. Se voltasse, Geri poderia estar esperando por ele com a polícia. Por que confiaria em Geri? Por que apareceria de novo?

E, se não aparecesse, a *Mona Lisa,* se *fosse* mesmo a *Mona Lisa*, desapareceria mais uma vez.

No dia seguinte, Geri e Poggi esperaram por Leonard.

E esperaram. E esperaram. Leonard estava atrasado.

Finalmente, Poggi colocou o casaco para ir embora… e Leonard entrou na sala.

UM CHAPÉU AMASSADO, UM BANDOLIM

O TRIO IMPROVÁVEL FOI ENCONTRAR A *MONA LISA*.

Leonard não parecia nervoso, ou pelo menos não agia como tal. Agia como um turista. Era sua primeira vez em Florença e qualquer pessoa que o observasse pensaria que ele tinha ido lá para ver as atrações turísticas. Havia muito para ser visto. Em seu cerne, Florença é uma cidade pequena, e o trio caminhava pelas mesmas ruas que Leonardo e Lisa caminharam. Passaram por prédios que Leonardo e Lisa devem ter conhecido, paredes de pedra que devem ter tocado. Florença é uma cidade repleta de história.

Por fim, chegaram a um lugar que nem Leonardo nem Lisa conheceram: o hotel Tripoli-Italia. Leonard tinha alugado um quarto apertado no último andar, o quarto número 20. Os três, juntos, mal cabiam ali. Não estava claro onde haveria espaço para também colocar a *Mona Lisa*.

Leonard trancou a porta e pegou um baú que estava debaixo da cama.

Geri mais tarde fez uma lista do que Leonard tirou dele:

Sapatos quebrados
Outro par de sapatos
Um chapéu amassado
Um alicate
Ferramentas para reboco
Um jaleco
Pincéis
Um bandolim

Tratava-se de uma pilha de "objetos miseráveis", disse Geri. E... era tudo. O baú estava vazio. Poggi e Geri podiam ver o fundo. Fora tudo em vão. Não havia *Mona Lisa* alguma.

Mas então Leonard tirou o fundo do baú. Era um fundo falso. E lá, deitado no fundo verdadeiro, estava um objeto retangular, envolto em um pano de seda vermelha.

Leonard colocou o embrulho de seda na cama, ao lado do chapéu amassado e do bandolim. Ele não disse nada.

No cômodo pequeno, que mal tinha espaço suficiente para ficar de pé, devia haver pouco ar até mesmo para respirar.

Leonard começou a desembrulhar a seda vermelha. E então, segundo Geri: "Diante de nossos olhos atônitos, a divina *Gioconda* apareceu, intacta e maravilhosamente preservada. Levamos até a janela para comparar com a fotografia que tínhamos trazido com a gente. Poggi examinou e não havia dúvida de que a pintura era original. O número do catálogo do Louvre e o selo no verso correspondiam à fotografia."

Tinham encontrado a pintura mais valiosa do mundo em um hotel barato.

Anos de pistas falsas, anos de intriga internacional: tudo havia acabado.

Ou quase.

Porque agora tinham outra tarefa. Precisavam roubar uma pintura de um ladrão.

Poggi já estava convencido de que era a *Mona Lisa*, mas não disse isso a Leonard. Disse que *parecia* ser o retrato, mas que precisavam ter o máximo de certeza. Para confirmar a autenticidade, teriam que levar a pintura para a Uffizi. Leonard, ainda sereno, concordou.

Ao saírem do hotel Tripoli-Italia, os três foram parados pelo porteiro, que os acusou de terem uma pintura roubada.

Isso foi constrangedor, porque era verdade.

Mas o porteiro não se referia a uma pintura roubada do Louvre. Se referia a uma pintura roubada do hotel Tripoli-Italia. Pensou que estavam saindo com uma de *suas* pinturas.

Se a segurança do Louvre tivesse sido tão boa, a *Mona Lisa* nunca teria sido roubada.

A VIAGEM ATÉ A UFFIZI DEVE TER SIDO AINDA MAIS ESTRESSANTE DO QUE A CAMINHADA PARA O hotel Tripoli-Italia.

Antes, Alfredo Geri e Giovanni Poggi achavam que tinham uma pista sobre a *Mona Lisa*. Mas as chances eram baixas. As chances de ser uma fraude sempre eram maiores.

Agora estavam confiantes de que tinham a *Mona Lisa* e estavam carregando-a por uma cidade lotada. Não havia proteção alguma. Um ladrão poderia ter esbarrado no grupo e fugido com o retrato.

Ainda pior, estavam acompanhados *por* um ladrão.

Em seu escritório na Uffizi, Poggi trancou a porta duas vezes. Ele comparou a pintura com fotografias das muitas rachaduras, o que chamam de craquelê, do original. Toda pintura antiga tem inúmeras rachaduras, as marcas de idade. Um falsificador talentoso pode copiar uma pintura, mas não pode copiar um craquelê. Como uma impressão digital, cada craquelê é único.

As rachaduras eram idênticas.

Agora só tinham que convencer Leonard a abandonar a pintura mais valiosa do mundo.

A *Mona Lisa* simplesmente não estava segura no hotel Tripoli-Italia, disse Poggi a Leonard. Eles precisariam mantê-la na Uffizi. O museu era o lugar mais seguro para o retrato.

Por um lado, isso era claramente verdade. Por outro, era uma coisa bizarra para se dizer a um ladrão. Claro que o retrato não estava seguro com Leonard. Até mesmo Leonard sabia que não estava. Ele o havia roubado!

Mas Leonard não se opôs. Talvez tenha sido influenciado pelo status de Poggi (o ladrão ficou impressionado que o diretor da Uffizi estava se encontrando com ele). De qualquer forma, concordou em deixar a pintura, e Poggi disse que entrariam em contato no dia seguinte.

Ele estava mentindo.

Eles entrariam em contato muito antes disso.

Uma hora depois, a polícia de Florença bateu à porta do quarto número 20 do hotel Tripoli-Italia.

UM PINTOR DE CASAS

EM PARIS, NAQUELA NOITE, UM TELEFONEMA INTERROMPEU UM CURADOR DO LOUVRE DURANTE o jantar.

"Não", disse o curador a quem ligava. "É impossível." Ele desligou e voltou para a sobremesa. Alguém estava tentando enganá-lo, fazendo-o pensar que a *Mona Lisa* havia sido recuperada. Ele não ia cair nessa.

Em 1911, ninguém conseguia acreditar que a *Mona Lisa* havia sido roubada.

Em 1913, ninguém conseguia acreditar que a *Mona Lisa* havia sido encontrada.

Porém, por mais improvável que fosse, por mais impossível que parecesse, era verdade.

Uma comissão de especialistas chegou à Uffizi para examinar o retrato. Ninguém discordou de Giovanni Poggi. Até os céticos franceses enfim admitiram que era a verdadeira *Mona Lisa*. "Queria tanto que os franceses considerassem uma cópia", disse o historiador de arte italiano Corrado Ricci. "Dessa forma, a *Mona Lisa* permaneceria na Itália."

Quando a notícia foi divulgada, interrompeu uma pancadaria real entre legisladores no plenário do Parlamento italiano. "*La Gioconda ha trovato*", gritou um legislador. *A* Mona Lisa *foi encontrada.* A briga foi esquecida.

A *Mona Lisa* havia voltado a seu local de nascimento. Toda a Itália se encheu de alegria.

Como um cachorro que atravessa o país para encontrar seus donos, a *Mona Lisa* de alguma forma encontrou seu caminho de volta para casa. Em vez de nos Estados Unidos, na Alemanha ou no fundo do Atlântico, o retrato foi encontrado a apenas algumas quadras de onde foi pintado. O Tripoli-Italia ficava pertinho do prédio onde Lisa provavelmente posou para Leonardo.

Parecia que a pintura havia levado o ladrão a Florença, em vez de o contrário.

A PRIMEIRA COISA QUE LEONARD DISSE À POLÍCIA FOI: "MEU NOME NÃO É LEONARD. É VINCENZO Perugia."

Com pouco mais de trinta anos, Vincenzo Perugia havia deixado a Itália para ir à França quando ainda era jovem. Não foi por escolha. Ele também não estava sozinho: o desemprego massivo na Itália havia feito muitos italianos emigrarem. Perugia encontrou trabalho pintando casas em Paris. Não estava ficando rico. Quando foi preso, a polícia encontrou pouquíssimos francos em sua carteira, o equivalente a dez dólares hoje.

Ele também tinha a pintura mais valiosa do mundo, claro. Mas apenas *tê-la* não fazia diferença alguma. Ele a tivera por mais de dois anos e não havia ganhado um centavo com isso.

Perugia confessou quase de imediato. Sim, ele havia roubado a *Mona Lisa*, disse à polícia italiana, mas isso não o tornava um ladrão.

Isso o tornava um herói.

Isso explicava por que ele voltou à galeria de Geri mesmo tendo admitido o roubo. Explicava por que voltou para seu quarto no Tripoli-Italia, embora a polícia soubesse onde encontrá-lo. Explicava por que não fez esforço algum para encobrir seus rastros.

Ele acreditava que não tinha nada a temer.

Acreditava que era um herói. O homem que trouxe a *Mona Lisa* de volta para casa.

Todos haviam errado em suas suposições. O ladrão não era um Admirador Secreto. Não era um Louco Solitário. Não era um Profissional Consumado ou um Americano Rico.

Vincenzo Perugia era um novo personagem: o Italiano Patriota.

A HISTÓRIA QUE PERUGIA CONTOU À POLÍCIA COMEÇOU UM ANO ANTES DO ROUBO, QUANDO O Louvre decidiu colocar suas pinturas mais famosas atrás de vidro.

Como o vidro era controverso, precisava ser o mais invisível possível. O Louvre contratou uma empresa especializada em envidraçamento, a arte de ajustar e dimensionar vidros, mas mesmo esses trabalhadores habilidosos tiveram que refazer o trabalho várias vezes antes de os curadores ficarem satisfeitos. No processo, a equipe aprendeu exatamente como o Louvre pendurava e protegia as pinturas. Era uma informação privilegiada valiosa, mas isso não significava absolutamente nada para quase todos da equipe.

Exceto para um homem chamado Vincenzo Perugia.

O roubo da *Mona Lisa* está repleto de ironias, mas esta é a maior de todas. Se o Louvre nunca tivesse se preocupado em colocar a *Mona Lisa* atrás de vidro (se o Louvre nunca tivesse se preocupado em proteger suas pinturas), o ladrão jamais teria entrado em contato com ela.

Louis Béroud, o pintor que descobriu que a *Mona Lisa* havia desaparecido, estava certo desde o início: o vidro não era a solução. O vidro era o problema.

Perugia logo deixaria a empresa de envidraçamento, mas conhecia os trabalhadores do Louvre e ainda visitava o museu. Conforme caminhava pela coleção italiana do Louvre, contou à polícia de Florença, ele se maravilhava com a escala do saque de Napoleão.

Perugia tinha apenas 12 anos quando saiu de casa. Na França, era ridicularizado e xingado com insultos anti-italianos. Agora, imaginava um novo futuro para si: retornaria à Itália com a *Mona Lisa*. Seria um retorno triunfante para os dois. "Eu não seria digno da Itália", disse ele, "se não devolvesse ao país uma de suas obras-primas."

Vincenzo Perugia colocou a *Mona Lisa* atrás do vidro em janeiro de 1911. Então esperou.

Em agosto, o Louvre estaria quase deserto.

O roubo em si foi simples, explicou ele: o armário, o jaleco branco, a escadaria. (O único contratempo foi a maçaneta.) Uma vez que saiu pelo portão principal, foi uma questão de escoltar a *Mona Lisa* para casa. Seu apartamento ficava a menos de três quilômetros do museu e ninguém notou um homem carregando um pacote embrulhado em pano branco. As ruas de Paris estavam cheias de coisas muito mais estranhas.

Nenhuma mansão aguardava a *Mona Lisa*. Nenhum esconderijo. Nenhum Dr. No.

O apartamento de Perugia era um único cômodo que mal tinha mobília. O Tripoli-Italia era melhor. Perugia colocou a *Mona Lisa* em uma abertura na parede e empilhou lenha na frente dela. Ficaria lá até que ele a movesse para o baú: o fundo falso foi construído para combinar com as medidas da *Mona Lisa*.

A grande busca internacional de Louis Lépine (os trens parados na Bélgica, o navio *Kaiser Wilhelm* II revistado em Nova York) tinha sido em vão. Pilu, o cão da vidente, tinha razão. A *Mona Lisa* ainda estava em Paris.

Ninguém fazia ideia, porque Perugia não havia falado. Seus vizinhos nem sonhavam que dormiam ao lado da mulher mais famosa do mundo. Quando os amigos de Perugia o visitavam, ele não mostrava o retrato. Ele tocava o bandolim.

Para decorar o quarto decadente, Perugia colocou um cartão-postal da *Mona Lisa* perto da lareira.

Até mesmo o homem com a verdadeira *Mona Lisa* tinha um cartão--postal da *Mona Lisa* como decoração.

UMA VEZ QUE OS ITALIANOS ESCUTARAM A HISTÓRIA DE PERUGIA, MUITOS CONCORDARAM COM ele: era um herói.

Na prisão, Perugia recebeu muitos presentes: vinho, queijo, cigarros. Apoiadores enviavam almoço e jantar todos os dias; alguém lhe deu o equivalente a alguns milhares de dólares. Enfim, ele lucrava com o roubo, só teve que ir para a prisão para conseguir isso.

Vincenzo Perugia se tornou, por um breve momento, uma celebridade no mesmo nível da própria *Mona Lisa*. Seus poucos pertences foram tratados como as relíquias de um santo. Pessoas ofereciam grandes quantias por seu bandolim, seus pincéis e suas ferramentas de reboco. Até fizeram lances por seus trapos.

Agora, Perugia era uma celebridade, mas ainda estava na prisão e não conseguia entender o porquê.

"Prestei um serviço excepcional à Itália", reclamou. "Devolvi ao país um tesouro de valor inestimável e, em vez de ficarem gratos, me jogam na cadeia. É o cúmulo da ingratidão."

NENHUMA PALAVRA DITA SENÃO *GIOCONDA*

A ***MONA LISA*** **ESTAVA DE VOLTA.**

A história (o roubo, a recuperação, o nobre ladrão) mais uma vez vendia jornais em todo o mundo. Havia edições especiais e suplementos. O jornal parisiense *Excelsior* até publicou uma representação em quadrinhos da história de Perugia, uma ilustração de como ele levou o roubo a cabo.

Na Itália, o apetite era insaciável. "Não se fala outra palavra senão '*Gioconda*'", escreveu o *Tribune* de Roma. "Nada é procurado além da '*Gioconda*'." Uma onda de patriotismo varreu o país. Talvez Vincenzo Perugia fosse louco. Talvez fosse até meio ignorante. Mas havia roubado a *Mona Lisa* para a Itália! O mínimo que o país poderia fazer era mantê-la. Napoleão a roubara *da* Itália. O roubo foi um ato de justiça!

Essa história de justiça foi complicada pelo fato de que… bem, de que não verdadeira. Napoleão, que tinha roubado tantas outras coisas, *não tinha* roubado a *Mona Lisa*. Foi o próprio Leonardo quem a levou para a França. O governo italiano rejeitou os apelos de muitos para manter o retrato. "Embora a obra-prima seja estimada a todos os italianos como uma das melhores produções da genialidade de sua raça", anunciou, "devolveremos ela de bom grado a seu país adotivo."

Logo.

Antes, iriam se divertir um pouco: a *Mona Lisa* faria um tour frenético pela Itália. Uma viagem pelas cidades que o retrato tinha visto pela última vez havia cerca de quatrocentos anos. Seria a primeira exposição itinerante de arte com grande sucesso na história. Durante algumas semanas frias e cinzentas, toda a Itália foi iluminada pela *Mona Lisa*.

Na primeira manhã do tour, mais de trinta mil italianos se reuniram do lado de fora da Uffizi, esperando a abertura das portas. A multidão ficou impaciente. Janelas foram quebradas. A equipe da Uffizi correu para mover bustos e esculturas antes que fossem pisoteados. A *Mona Lisa* estava em maior perigo do que quando esteve no apartamento de Perugia.

Na presença do retrato, homens retiravam os chapéus. Soldados prestavam continência. Mulheres idosas se benziam. Lisa Gherardini havia se tornado um ícone religioso. "Ai, é ela, é ela!", exclamou um visitante. "O que estava perdido foi achado."

Após alguns dias em Florença, a *Mona Lisa* viajou para Roma em grande estilo. Havia vindo da França com a passagem mais barata. Agora tinha um vagão de trem particular, guarda armada e uma caixa acolchoada feita de jacarandá.

O retrato passou algumas noites em Roma, onde foi pintado. Não foi tempo suficiente, e, após a última noite, a polícia foi acionada para dispersar as muitas pessoas que ainda queriam ver a pintura. Em Milão, onde *A última ceia* descascava na parede, dizem que a multidão para ver a *Mona Lisa* chegou a sessenta mil. Na última noite da pintura lá, possivelmente a última noite que passaria em solo italiano, a exposição permaneceu aberta até a meia-noite.

A *Mona Lisa* chegou a Paris com aplausos e jubilação. No Louvre, mais de cem mil visitantes viram o retrato nas primeiras 48 horas. Quebrou o recorde de público. Massacrou o recorde de público.

A pintura retornara ao Louvre praticamente intacta. Mas, de qualquer modo, tinha mudado. Não era mais o mesmo retrato que havia sido roubado. A *Mona Lisa*, em seu tempo fora, se tornara monumental, quase mítica. Parisienses corriam para o Louvre para vê-la, mas a verdadeira *Mona Lisa* estava em suas cabeças. Era grande demais, lendária demais para caber em qualquer museu.

A *Mona Lisa* havia mudado tanto que o Louvre poderia ter mudado sua etiqueta na parede. Poderia ter colocado outro nome.

Leonardo da Vinci havia pintado a *Mona Lisa*.

Mas tinha sido Vincenzo Perugia quem a transformou *na Mona Lisa*.

UM ERRO NOBRE

O JULGAMENTO DE VINCENZO PERUGIA, QUE ENFIM OCORRERIA MESES DEPOIS, NEM FOI UM julgamento direito.

Os franceses nunca pediram que Perugia fosse deportado para ser julgado, e não estava claro se os italianos tinham o direito de fazer o julgamento eles mesmos. Fizeram, mas o processo judicial foi basicamente um inquérito para descoberta de fatos. O painel de juízes perguntou a Perugia aquilo que, de qualquer jeito, todos já queriam saber.

Sob escrutínio, sua história começou a desmoronar. Seu brilho patriótico foi manchado.

Foi revelado que o pintor de casas tinha antecedentes criminais. Ele havia sido preso duas vezes antes, uma por tentativa de roubo. Mais importante, havia tentado vender a *Mona Lisa*. Nos cadernos de Perugia, as autoridades encontraram uma lista de compradores em potencial. E muitos não eram italianos. J. P. Morgan estava lá. Assim como Henry Duveen, o negociante de Londres a quem Perugia oferecera a pintura.

Os instintos de Duveen estavam certos: acabou que o homem em sua galeria realmente tinha a *Mona Lisa*. Duveen não dissera nada à polícia na época, mas não se arrependia. "Preferiria andar com uma banana de dinamite no bolso pelo resto da vida do que ter tido qualquer conhecimento daquele caso", disse ele mais tarde.

Perugia afirmou que apenas quisera "aconselhamento" de Duveen sobre como levar a pintura para a Itália. Além disso, não queria o dinheiro para si mesmo, disse. Simplesmente queria proporcionar aos seus pais "uma velhice confortável".

À medida que o julgamento prosseguia, Perugia mentia de um jeito que poderia ser insignificante, mas que também poderia ser proposital. Afirmou que não havia passado a noite no Louvre, por exemplo, quando claramente o fizera. Não fazia sentido. Estava tentando proteger alguém que o ajudara? Havia outros ladrões ainda soltos?

Tinha que haver algo mais na história.

Perugia acabou confessando que tinha tido a ajuda de dois irmãos italianos em Paris, os Lancelotti. Logo de cara, a polícia de Paris prendeu os irmãos. Mas eles disseram que não sabiam nada sobre a *Mona Lisa*, e a polícia não tinha nenhuma evidência contra eles, exceto a palavra de um ladrão. Os Lancelotti foram liberados.

Um evento mais emocionante, pelo menos para os jornais, foi a descoberta de algumas cartas de amor no quarto de Perugia. Uma história elaborada chegou à imprensa: Perugia havia salvado a vida de uma jovem chamada Mathilde (havia histórias de uma briga em um salão de dança), e eles tinham se apaixonado. Depois ela foi assassinada, ou sucumbiu a uma doença, ou, de qualquer forma, morreu. (Os detalhes variavam muito.) Ela se foi. Mas tinha uma semelhança incrível com a *Mona Lisa*. Esta era a reviravolta interessante da história. E então Perugia, em luto, desesperado, roubou a pintura para trazê-la de volta à vida. O roubo era um tributo ao grande e trágico romance deles.

Havia apenas um problema: não era verdade. Mas também havia um desejo tão forte por uma história mais interessante que muitas pessoas envolvidas *tentaram* torná-la verdadeira.

SE O JULGAMENTO FOI RUIM PARA VINCENZO PERUGIA, FOI PIOR PARA AS AUTORIDADES FRANCESAS. O processo revelou que eles fracassaram em ver a pessoa que estava diante de seus olhos o tempo todo. Louis Lépine e Alphonse Bertillon se esqueceram da lição contida na primeira história de detetive de todas: em "A carta roubada", de Edgar Allan Poe, o suspeito esconde uma carta escandalosa à vista de todos. Ninguém consegue encontrá-la. Estava visível demais.

Às vezes, a coisa mais óbvia é a mais difícil de enxergar.

Sempre houve fortes evidências de que o roubo foi uma operação interna. Fosse lá quem tivesse removido a pintura sabia como ela estava pendurada. Quem poderia saber disso? As pessoas que colocaram a *Mona Lisa* atrás do vidro menos de um ano antes. Os vidraceiros tiveram mais contato íntimo com o retrato do que qualquer outra pessoa na França. Uma carta para o jornal *Le Figaro* até mesmo havia pedido para que a investigação se concentrasse especificamente nos funcionários que tinham colocado a *Mona Lisa* atrás do vidro.

Afinal de contas, o vidro era a pista central. Mas não era a impressão digital deixada no vidro. Era o vidro em si.

Durante as primeiras etapas da investigação, a polícia de Paris havia escrito para Perugia, pedindo-lhe para comparecer a um interrogatório. Não porque suspeitavam dele. Estavam interrogando todos que já tinham trabalhado no Louvre. Perugia ignorou a carta. Por fim, um detetive foi até seu apartamento e o interrogou. Perugia afirmou que não tinha como ter roubado a *Mona Lisa.* Disse que estava trabalhando na manhã do roubo. Mas seu álibi não se sustentava: o chefe de Perugia disse que ele havia chegado atrasado naquela manhã.

Questionado sobre essa falha, Perugia respondeu que simplesmente havia dormido demais. Tinha ficado fora até tarde, se divertindo.

Foi neste ponto, o momento em que foi pego em uma mentira, que a investigação perdeu o interesse em Vincenzo Perugia. Ninguém mais lhe fez perguntas.

A polícia de Paris havia estado no apartamento do ladrão. Chegaram a poucos metros da *Mona Lisa.* E nunca souberam disso.

Perugia já tinha antecedentes criminais. Suas impressões digitais estavam arquivadas. Mas Bertillon era leal a seu sistema, que era organizado com base nas medidas, não em impressões digitais. Se a *Mona Lisa* tivesse sido roubada na Inglaterra, onde os arquivos eram organizados por meio das impressões digitais, Perugia teria sido preso quase de imediato. Na França, as autoridades estavam impotentes. Louis Lépine e Alphonse Bertillon, supostamente os melhores detetives da Europa, estavam muito atrasados em relação aos tempos.

O julgamento foi bastante constrangedor para ambos os homens. Vincenzo Perugia havia:

1. Colocado a *Mona Lisa* atrás do vidro.
2. Deixado uma impressão digital clara.
3. Ficado ausente do trabalho na manhã do roubo.

Era uma pequena montanha de pistas. Era um roubo simples de resolver.

A polícia francesa não conseguiu resolvê-lo.

Não conseguiram porque não estavam procurando por um pintor de casas. Estavam procurando por um gênio do crime. O ladrão tinha que estar à altura do roubo. Se a *Mona Lisa* fosse outra coisa, qualquer outra coisa (uma bolsa roubada, um punhado de bijuteria), o ladrão teria sido encontrado bem antes. Até mesmo Perugia sabia que esse era o segredo de seu sucesso: não havia ocorrido a ninguém, disse ele, que o ladrão pudesse ser um "pobre coitado" como ele.

Vincenzo Perugia estava escondido onde todos poderiam vê-lo.

Mesmo após o julgamento, as autoridades francesas ainda não conseguiam admitir que ele era culpado. "Não acredito na história de Perugia sobre como roubou a *Mona Lisa*", disse um juiz magistrado encarregado da investigação. Enquanto isso, o diretor demitido do Louvre anunciou que Perugia havia se mostrado "um louco astuto. Seu crime e a explicação absurda que ele dá parecem provar isso".

O mito era mais persuasivo do que a verdade. Era uma história mais interessante. E as pessoas vão sempre escolher a história mais interessante.

NA CONCLUSÃO DO JULGAMENTO, O ADVOGADO DE VINCENZO PERUGIA FEZ UMA PERGUNTA SIMPLES:

Quem foi prejudicado pelo roubo da *Mona Lisa*?

Ninguém, disse ele. Todos saíram ganhando. A *Mona Lisa* não sofreu danos. O Louvre recuperou a pintura. Na verdade, recuperou uma pintura *ainda melhor*: agora o retrato era famoso no mundo inteiro. Todos se aglomeravam para vê-la.

Isso não teria acontecido sem a contribuição de seu cliente. Claro, não fora certo da parte de Vincenzo Perugia roubar a *Mona Lisa*. Mas era errado ser um patriota italiano? Ele não era um ladrão. Era um homem que havia cometido um erro, um erro nobre. Não prejudicou ninguém, nem mesmo a *Mona Lisa*. A única coisa justa era libertá-lo.

O tribunal aplaudiu. Perugia chorou.

Funcionou. Vincenzo Perugia, o homem que havia roubado a pintura mais valiosa do mundo, o homem que havia desencadeado uma caçada mundial, acabaria sendo condenado com o tempo que já havia passado na prisão. Ele foi libertado com aplausos ferozes.

Tinha escolhido um bom momento. Na Europa, haveria muito pouco a aplaudir nos anos vindouros.

No dia seguinte à libertação de Perugia, um anarquista chamado Gavrilo Princip assassinou o arquiduque da Áustria-Hungria, Francisco Ferdinando. O assassinato provocou uma série de ultimatos e mobilizações militares. De modo trágico, ninguém recuou e, um mês depois, a Primeira Guerra Mundial teria início. A nova tecnologia desse novo século (com toda a sua maravilha e promessa) era, agora, a maquinaria da morte. A Europa se tornou um continente de fantasmas.

A *Mona Lisa* foi recuperada bem a tempo. Um ano depois, o retrato poderia ter desaparecido em meio ao caos da guerra. Mesmo que fosse encontrado, a história de sua recuperação teria sido esquecida, abafada por realidades mais sombrias. Porém, antes da guerra, foi uma última história de final feliz para o mundo. A onda de publicidade cristalizou a pintura como um ícone popular.

A *Mona Lisa* aguardou o fim da Primeira Guerra Mundial hospedada, em segurança, no Louvre.

Sua aventura havia acabado. Seu ladrão, encontrado. Sua história, escrita.

O MARQUÊS

A MENOS QUE...

A menos que não fosse de forma alguma a história verdadeira.

Quase vinte anos após a recuperação da *Mona Lisa*, uma história bem diferente foi publicada na *Saturday Evening Post*, a revista mais popular dos Estados Unidos.

Contava a história que o julgamento de Vincenzo Perugia tinha falhado em contar. No julgamento dele não havia um mestre do crime. Não havia conspiração criminosa. Não havia Americanos Ricos, nenhum Dr. No. Tudo o que todos haviam esperado (tudo o que todos queriam) estava faltando.

Mas essa nova história deu a todos o que desejavam.

E todos cairiam em suas graças de novo.

Cometeriam exatamente os mesmos erros.

ESTA HISTÓRIA NÃO ENVOLVIA VINCENZO PERUGIA, UM POBRE PINTOR DE CASAS SEM INSTRUÇÃO.

Ela apresentava Eduardo de Valfierno.

Era um nome grandioso, e Valfierno estava à altura dele. O homem tinha um cabelo branco de "leonino" e um ar de nobreza. Era, de fato, um nobre menor, um marquês. Sua vestimenta era imaculada e seu comportamento, impecável.

Era uma encenação. O nome era falso. A linhagem nobre era falsa. Mas a aparência era boa o suficiente para enganar qualquer um, e assim o fez.

Eduardo de Valfierno era um vigarista argentino. Ele havia feito de tudo um pouco, mas se especializou em falsificações de arte. Trabalhando com um falsificador francês chamado Yves Chaudron, Valfierno enganou viúvas e homens ricos de toda a América do Sul. Os dois se especializaram em pinturas religiosas de um pintor barroco espanhol chamado Murillo e apresentavam suas falsificações como obras-primas roubadas do pintor. Mas Valfierno não se preocupava em roubar os originais. Ele apenas imprimia recortes falsos de jornal com histórias falsas sobre o roubo de um Murillo. Em geral, isso já era o suficiente. Caso não fosse (se os compradores vissem o verdadeiro Murillo ainda pendurado em uma igreja, por exemplo), Valfierno dizia a eles que o que viram se tratava de uma cópia. Veja, dizia ele, a igreja não queria admitir que a pintura havia sido roubada. Seria um escândalo. Então, a substituíram por uma cópia detalhada.

Tudo estava de cabeça para baixo: os originais eram falsos, as falsificações eram originais.

O melhor de tudo para Valfierno era que o esquema fazia com que os compradores não tivessem opções. Eles não podiam autenticar a pintura, pois sabiam que ela havia sido roubada. Não podiam vender a pintura, pois sabiam que havia sido roubada. A única pessoa que podiam consultar sobre a pintura era o próprio Valfierno, aquele que os enganava. Era à prova de falhas, e logo Valfierno e Chaudron partiram para a Europa em busca de tolos ainda mais ricos para enganar.

Paris era o destino óbvio. As presas óbvias eram os Americanos Ricos.

O negócio estava tão bom em Paris que as ambições de Valfierno cresceram. Seu olhar vagava para nomes com mais destaque do que Murillo. Ele se perguntava: *Por que não vender a própria* Mona Lisa*?*

Era um passo adiante e significava uma grande mudança de táticas. A *Mona Lisa*, ao contrário de um Murillo, era muito conhecida para desaparecer sem que alguém notasse. Para vender a *Mona Lisa*, precisariam de fato roubar a *Mona Lisa*. Não pretendiam vender a pintura verdadeira. O plano era vender falsificações. Mas os potenciais compradores acreditariam que suas falsificações eram autênticas somente se a *Mona Lisa* realmente tivesse sido roubada.

O risco valia a pena porque Valfierno planejava vender a *Mona Lisa* meia dúzia de vezes. Cada comprador era um milionário americano, e cada um deles acreditaria possuir a única pintura verdadeira.

Havia o pequeno detalhe de roubar a pintura, e, para isso, Valfierno encontrou uma fonte interna: um pintor de casas italiano que havia trabalhado no Louvre. Graças a ele, o roubo transcorreu sem problemas. Foi, segundo Valfierno, "o mais magnífico roubo na história do mundo".

Quando as notícias do roubo se espalharam, cada um dos milionários norte-americanos acreditava ser o único a saber o que estava *de fato* acontecendo. As falsificações foram entregues. Os milionários mantiveram o silêncio. O esquema todo gerou um lucro estupendo.

A única falha foi o pintor de casas, um homem chamado Vincenzo Perugia. Ele havia sido bem pago, mas tinha perdido tudo em apostas, segundo Valfierno. Em uma tentativa desesperada de ganhar dinheiro, o pintor de casas tinha tentado vender a verdadeira *Mona Lisa* (ele a roubara de seu esconderijo) para um comerciante de arte florentino, Alfredo Geri. E foi pego.

Mas Eduardo de Valfierno permaneceu intocado. Eduardo de Valfierno estava rico além da conta e havia cometido o maior crime do século. Uma obra de gênio, digna da própria *Mona Lisa*.

A HISTÓRIA DA *SATURDAY EVENING POST* FOI ESCRITA POR KARL DECKER, UM JORNALISTA QUE havia sido recebido na Casa Branca. Nos próximos noventa anos seguintes, se tornou a fonte da história do roubo da *Mona Lisa*. Apareceu em romances, filmes, programas de televisão e livros sobre a história do roubo.

É uma história maravilhosa e cinematográfica. Há apenas um problema com ela.

Não é verdadeira.

Eduardo de Valfierno nunca existiu. Yves Chaudron também não.

No entanto, Karl Decker existiu, e era o repórter menos confiável dos Estados Unidos.

Decker não era tanto de fazer reportagens. Preferia *inventá-las*. Por anos, escreveu para os jornais de William Randolph Hearst, e os jornais de Hearst eram notoriamente frouxos com relação aos fatos. Hearst se importava com o drama, e Decker era muito bom em criar drama. Suas façanhas eram notórias. (Uma vez, ele resgatou uma bela revolucionária cubana da prisão, pouco antes do início da Guerra Hispano-Americana. Essa história era, para a surpresa de todos, verdadeira.)

Em seu artigo para a *Saturday Evening Post*, Decker exagerou bastante. A história de como havia conseguido acesso à narrativa já era uma invenção: conhecia Valfierno havia anos e encontrou-se com ele em Casablanca, em 1914. Decker descreveu uma cena que vinha direto de Hollywood, com vigaristas e trapaceiros a cada esquina. Seu Valfierno também era cinematográfico: charmoso, ousado e desonesto. A história era metade ficção policial, metade jornalismo sensacionalista e cem por cento satisfatória.

Eduardo de Valfierno e Yves Chaudron nunca chegaram a ser identificados. Nenhuma de suas falsificações perfeitas jamais foi encontrada. A única evidência para a história é o que Decker escreveu, e não há razão alguma para acreditar no que Decker escreveu, porque ele é Karl Decker.

Então, por que todo mundo acreditou nela? E por que as pessoas continuam acreditando nela hoje em dia?

Porque Decker havia reunido as melhores histórias genéricas (a Gangue Internacional, o Americano Rico, o próprio Dr. No) em um único e fascinante conto. A história de Decker era a história que todos esperavam. Era a história que todos *queriam*.

Foi um alívio finalmente encontrá-la.

No fim, somos todos como as autoridades francesas. Somos ingênuos quando se trata de uma história mais interessante.

A HISTÓRIA DE EDUARDO DE VALFIERNO RESSOA EM NÓS.

Vivemos em uma era de teorias da conspiração, e as teorias da conspiração sobre o roubo da *Mona Lisa* refletem nosso próprio tempo. Muitas pessoas pensam que uma história secreta é mais provável de ser a verdadeira (a história verdadeira deve ser aquela *abaixo* da superfície). O maior problema com esse tipo de teoria da conspiração não é elas serem falsas, embora muitas vezes sejam. É que são muito difíceis de *desmentir*. Desafie uma parte de uma teoria da conspiração e alguém que acredita nela criará uma reviravolta que explica tudo o que está acontecendo.

Em uma teoria da conspiração, a crença importa mais do que os fatos. Acreditar em uma conspiração inevitavelmente o leva para longe dos fatos.

No roubo da *Mona Lisa*, podemos ver em ação esse modo tóxico de pensar. O caso não era difícil de resolver. Mas não foi resolvido porque muitas pessoas achavam que as conspirações eram mais críveis do que as evidências. Alphonse Bertillon e Louis Lépine (junto com muitos outros) se recusaram a ver as evidências diante deles. Foram incapazes de ver aquilo que já presumiam não ser verdade. Os dois acreditavam que precisava haver uma história *mais interessante*, uma história abaixo da superfície, uma história que pedia ladrões brilhantes e detetives brilhantes. Mesmo depois de Lépine e Bertillon fracassarem, até mesmo após a exposição do fracasso deles, muitas pessoas decidiram repetir seus erros: decidiram acreditar em Eduardo de Valfierno.

Ninguém além de Vincenzo Perugia acreditava em um simples pintor de casas.

HÁ OUTRA PESSOA QUE PODERIA TER ACREDITADO EM VINCENZO PERUGIA.

Alguém que não presumia coisas. Alguém que observava. Alguém cuja vida era sobre ver com clareza, sem expectativas. Alguém que não sabia de antemão o que encontraria.

A pessoa que poderia ter resolvido o roubo da *Mona Lisa* é o próprio Leonardo da Vinci.

A VIDA APÓS A MORTE

NO QUAL VINCENZO PERUGIA ABRE UMA LOJA DE TINTAS E LEONARDO DA VINCI TOMA UMA TIGELA DE SOPA

ÚLTIMAS PALAVRAS

A *MONA LISA* É A ÚNICA SOBREVIVENTE DESTA HISTÓRIA. ELA OBSERVOU TODOS OS OUTROS (tantas eras, tantas vidas) passarem diante de si e desaparecerem de vista.

O DUQUE LUDOVICO SFORZA, O MECENAS DE LEONARDO EM MILÃO, FOI CAPTURADO MENOS DE UM ano após a invasão dos franceses. Eles foram gentis com o duque. O homem foi colocado em uma prisão, mas uma prisão luxuosa. Então o duque tentou escapar, e os franceses deixaram de ser gentis.

Ludovico Sforza, o mecenas do opulento Renascimento milanês, morreria, meio louco, em uma masmorra francesa.

O MALDOSO CÉSAR BÓRGIA SOBREVIVEU MAIS MEIA DÉCADA APÓS LEONARDO DEIXAR SEU emprego, período durante o qual foi envenenado (duas vezes), preso (duas vezes) e escapou (duas vezes). Ele também ficou desfigurado e foi exilado da Itália.

Mas essa sorte, se é que era sorte, não durou.

César Bórgia morreria sozinho em uma emboscada na Espanha. Os cavaleiros que o atacaram não demonstraram um pingo de misericórdia a mais do que o próprio Bórgia.

O CRÍTICO FRANCÊS THÉOPHILE GAUTIER ESCREVEU O GRANDE BALLET *GISELLE* E DEPOIS SE apaixonou profundamente por sua estrela bailarina.

Ela o rejeitou. Então ele se casou com a irmã dela.

NO INÍCIO DA PRIMEIRA GUERRA MUNDIAL, GUILLAUME APOLLINAIRE SE VOLUNTARIOU PARA O exército francês. Sua lealdade à França havia sido questionada, então agora poderia provar que os críticos estavam errados.

No front de batalha, um estilhaço de granada atingiu sua cabeça. Enviado de volta a Paris, Apollinaire nunca mais foi o mesmo. Seu gênio havia desaparecido.

Apollinaire morreu na epidemia de gripe de 1918. A guerra terminou semanas depois.

PABLO PICASSO VIVEU ATÉ OS NOVENTA ANOS, E, QUANDO MORREU, SEU OBITUÁRIO APARECEU na primeira página dos jornais. "O pintor mais influente e produtivo do século XX", escreveu o *Daily News*, de Nova York. "O titã da arte do século XX", disse o jornal *The New York Times.*

Mas Picasso sabia como havia sobrevivido ao fiasco da *Mona Lisa* e foi só perto do fim de sua longa vida que contou a verdade sobre Apollinaire e o *affaire des statuettes*: "Quando o juiz me perguntou 'Você conhece esse homem?', fiquei, de forma repentina, terrivelmente assustado. Sem saber o que estava dizendo, respondi: 'Nunca o encontrei antes.' Vi a expressão de Guillaume mudar. O sangue esvaiu-se de seu rosto. Ainda sinto vergonha..."

GÉRY PIERET ESCAPOU PARA O CAIRO, ONDE ENCONTROU TRABALHO COMO EDITOR. AS COISAS IAM bem até ele organizar uma festa de Natal com vestimenta formal. No final da festa, as luzes misteriosamente se apagaram. Os convidados, já não muito sóbrios, tornaram-se presas fáceis para Pieret, que se esgueirou na escuridão e os libertou de seus objetos de valor.

Ele havia provocado o apagão, é claro.

Funcionou na primeira vez. Na segunda, ele foi pego.

Acabou no exército belga durante a Primeira Guerra Mundial. Perto do fim da guerra, escreveu uma carta para um conhecido: "Há alguns dias, eu estava sentado perto de uma janela aberta quando, de repente, um corvo voou para dentro do quarto. Senti que estava recebendo uma mensagem de Guillaume Apollinaire. Estou muito preocupado com ele e peço que me diga se ele ainda está vivo."

Apollinaire morreu no dia em que a carta foi recebida.

ALPHONSE BERTILLON FALECEU UM ANO APÓS A RECUPERAÇÃO DA *MONA LISA*. ELE NUNCA ADMITIU estar errado sobre Alfred Dreyfus.

O sistema Bertillon morreu com ele. Bertillon mal havia sido enterrado quando seu sucessor declarou que as impressões digitais eram o futuro.

ANTES DE SE APOSENTAR, A POLÍCIA PARISIENSE DE LOUIS LÉPINE LOCALIZOU O LÍDER DA GANGUE Bonnot. Lépine sobreviveu ao encontro. O líder da Gangue Bonnot, não.

A CIDADE NATAL DE VINCENZO PERUGIA O RECEBEU COMO HERÓI. ELE SERVIU NO EXÉRCITO ITALIANO durante a Primeira Guerra Mundial e, quando o conflito terminou, retornou para a França. Lá, voltou à área que conhecia melhor: abriu uma loja de tintas.

LISA GHERARDINI NUNCA VIU SEU RETRATO PRONTO.

Após a morte de seu marido, ela entrou para um convento. Passou seus últimos anos lá.

Ela não tinha ideia da bizarra vida póstuma que a aguardava.

O HOTEL TRIPOLI-ITALIA NÃO EXISTE MAIS. AGORA É O HOTEL LA GIOCONDA.

O Tripadvisor o classifica como o número 398 dos 428 hotéis em Florença.

A SOPA

AS ÚLTIMAS PALAVRAS QUE TEMOS DE LEONARDO ESTÃO NA ÚLTIMA PÁGINA DE SEU CADERNO. A página está cheia de triângulos do tipo retângulos. Todos os lados dos triângulos têm diferentes comprimentos: Leonardo está tentando manter a área de um triângulo a mesma enquanto varia os comprimentos dos lados. É um problema de geometria, ele ainda não terminou. Precisa de mais tempo.

É 1518. Ele tem 66 anos.

De repente, no meio de uma explicação de geometria, ele para. "*Et cetera*", escreve.

Então, adiciona uma nota final: "*Perché la minesstra si fredda.*"

Porque a sopa está esfriando.

Ele continuaria, sabe, mas precisa comer.

EPÍLOGO

NO SÉCULO DESDE SUA TRIUNFANTE RECUPERAÇÃO, A *MONA LISA* SÓ FICOU AINDA MAIS FAMOSA.

Já havia sobrevivido a quatrocentos anos e a um sequestro quando começou a Primeira Guerra Mundial. Sobreviveu à Primeira Guerra Mundial. Sobreviveu à Segunda Guerra Mundial. (Foi escondida dos nazistas em uma série de casas de campo.) Na última metade do século, sobreviveu a ter uma pedra jogada nela, tinta vermelha borrifada e uma xícara de chá arremessada.

Sua fama improvável nunca foi abalada.

Hoje, é famosa por ser famosa, o que naturalmente lhe traz ainda mais fama.

É a pintura com mais paródias da história; no entanto, cada paródia apenas chama mais a atenção para a original. Quando o artista francês Marcel Duchamp desenhou um bigode em uma cópia da *Mona Lisa*, criou a paródia mais famosa da história da arte. Mas também tornou a própria *Mona Lisa* ainda mais famosa.

A pintura não viaja mais, porém, quando fez uma turnê pelos Estados Unidos nos anos 1960, foi recebida como uma visitante nobilíssima.

Percorreu rodovias vazias em uma mala à prova de fogo e de água, escoltada por agentes do Serviço Secreto. Mais de um milhão e meio de pessoas foram ver o retrato em menos de alguns meses. Em Tóquio, uma década depois, havia tantos visitantes que cada um tinha permissão de ficar apenas dez segundos em frente ao retrato.

Tem sido difícil para a modesta *Mona Lisa* estar à altura de sua reputação. Quando visitou a União Soviética, o líder soviético Leonid Brejnev chamou Lisa de "uma mulher simples e sensata". Em Nova York, um visitante olhou com admiração e exclamou: "Não é maior do que uma televisão de 21 polegadas!"

O mito da *Mona Lisa* é muito maior do que a própria *Mona Lisa.*

HOJE, A *MONA LISA* É MAIS CONHECIDA DO QUE O LOUVRE. SE FOSSE A ÚNICA PINTURA LÁ, SEU público dificilmente seria menor. Todas as manhãs, quando os visitantes entram no museu, vão direto até ela. As pessoas se acotovelam para tirar fotos da pintura com mais reproduções no mundo. Suas fotos são piores do que as reproduções. Elas têm apenas alguns segundos diante da *Mona Lisa* e gastam esse tempo tirando uma foto ruim.

É difícil culpá-los. Uma audiência com a *Mona Lisa* é um encontro com a própria fama. É intoxicante.

No entanto, é irônico: Leonardo é o pintor menos apropriado para esse tipo de fama.

Leonardo da Vinci levou uma vida de curiosidade implacável. Sempre quis saber mais. Sempre quis saber o que ainda não sabia (o que ninguém ainda sabia).

As multidões diante da *Mona Lisa*, o desfile de turistas e mais turistas, representam o oposto de como Leonardo viveu. Hoje, todos vão ver a *Mona Lisa* justamente *porque* já conhecem a *Mona Lisa*. Ao que parece, o sorriso é misterioso, mas a pintura em si nunca é um mistério.

Isso levanta uma questão: Leonardo da Vinci iria ver a própria pintura?

Talvez.

Ou talvez ele fosse virar as costas para ela e observar as multidões. Talvez ele visse algo de novo nelas.

AGRADECIMENTOS

PARA MINHA AGENTE, BRENDA BOWEN, POR SUA FÉ E ORIENTAÇÃO INFALÍVEL. É UM PRIVILÉGIO. E uma sorte incrível. Sou profundamente grato.

Para minha editora, Annie Kelley, por sua visão e misteriosa habilidade de melhorar absolutamente tudo. Trabalhar junto com você foi um sonho. (Do tipo *bom*.) Vamos fazer isso de novo em breve.

Por transformar estas palavras simples em uma obra de arte: Brett Helquist.

Um agradecimento em letras maiúsculas a todos na Random House Studio que trabalharam nestas páginas. Fizemos um livro! Pela magia do design: Katrina Damkoehler e Michelle Crowe. Pela magia da edição, revisão e indexação: Elizabeth Johnson, Jackie Hornberger, Alison Kolani. E pela magia em geral: Tisha Paul e Charlotte Roos.

Em Buffalo: à Biblioteca da Universidade de Buffalo, à Biblioteca Pública de Buffalo, a Remedy House e a Tipico. Em Berlim: Staatsbibliothek zu Berlin.

Por feedbacks inestimáveis: Isaiah Day e Nathaniel Iliff.

Com amor: Susan e Douglass Day. Madeleine Day e Molly Peterson. Lina Bernstein, David Kramer e Ilya Bernstein. Isaiah, que leu tudo menos estas linhas, e Samuel, que estava esperando até que fosse *um livro de verdade*. (Era uma aposta segura na época.) E Anya. Sem palavras (além destas).

FONTES

Amore, Anthony M. e Mashberg, Tom. *Stealing Rembrandts: The Untold Stories of Notorious Art Heists*. Nova York: Palgrave Macmillan, 2012.

Beavan, Colin. *Fingerprints: The Origins of Crime Detection and the Murder Case That Launched Forensic Science*. Nova York: Hyperion, 2001.

Belting, Hans. *The Invisible Masterpiece*. Chicago: University of Chicago Press, 2016.

Boas, George. "The Mona Lisa in the History of Taste." *Journal of the History of Ideas* 1, nº 2 (1940): 207.

Charney, Noah (ed.). *Art and Crime: Exploring the Dark Side of the Art World*. Santa Barbara, CA: Praeger/ABC-CLIO, 2009.

Charney, Noah. *The Thefts of the Mona Lisa: On Stealing the World's Most Famous Painting*. ARCA Publications, 2011.

Clark, Kenneth. *Leonardo da Vinci*. Nova York: Penguin, 1993.

Cohen, Joshua I. *The "Black Art" Renaissance: African Sculpture and Modernism Across Continents*. Oakland: University of California Press, 2020.

Cole, Simon A. *Suspect Identities: A History of Fingerprinting and Criminal Identification*. Cambridge, MA: Harvard University Press, 2002.

Decker, Karl. "Why and How the *Mona Lisa* Was Stolen." *Saturday Evening Post*, 25 de junho, 1932.

Duveen, James H. *Art Treasures and Intrigue*. Garden City, NY: Doubleday, 1935.

Esterow, Milton. *The Art Stealers*. Nova York: Macmillan, 1966.

Freundschuh, Aaron. "Crime Stories in the Historical Urban Landscape: Narrating the Theft of the *Mona Lisa*." *Urban History* 33, nº 2 (2006): 274-92.

Gardner, James. *The Louvre: The Many Lives of the World's Most Famous Museum*. Nova York: Atlantic Monthly Press, 2020.

Goron, Marie-François. "Number 94", *Pearson's Magazine* 15 (1906): 493-97.

Green, Christopher. *Picasso: Architecture and Vertigo*. New Haven: Yale University Press, 2005.

Green, Christopher (ed.). *Picasso's: Les Demoiselles d'Avignon*. Cambridge: Cambridge University Press, 2001.

Hales, Dianne. *Mona Lisa: A Life Discovered*. Nova York: Simon & Schuster, 2014.

Harris, Ruth. *Dreyfus: Politics, Emotion, and the Scandal of the Century*. Nova York: Henry Holt, 2010.

Hirsch, Alan. *The Duke of Wellington, Kidnapped!* Berkeley: Counterpoint, 2016.

Hoobler, Dorothy e Hoobler, Thomas. *The Crimes of Paris: A True Story of Murder, Theft, and Detection*. Nova York: Little, Brown: 2009.

Houpt, Simon. *Museum of the Missing: A History of Art Theft*. Nova York: Sterling, 2006.

Isaacson, Walter. *Leonardo da Vinci*. Nova York: Simon & Schuster, 2017.

Jones, Jonathan. *The Lost Battles: Leonardo, Michelangelo and the Artistic Duel That Defined the Renaissance*. Nova York: Knopf, 2012.

Kelly, Joan. "Did Women Have a Renaissance?" In: *Women, History, and Theory: The Essays of Joan Kelly*. Chicago: University of Chicago Press, 1984.

Kemp, Martin. *Christ to Coke: How Image Becomes Icon*. Oxford: Oxford University Press, 2012.

Kemp, Martin (ed.). *Leonardo on Painting*. New Haven: Yale University Press, 2001.

Kemp, Martin e Pallanti, Giuseppe. *Mona Lisa: The People and the Painting*. Oxford: Oxford University Press, 2017.

King, Ross. *Leonardo and the Last Supper*. Nova York: Bloomsbury, 2012.

Leader, Darian. *Stealing the Mona Lisa: What Art Stops Us from Seeing*. Nova York: Counterpoint, 2002.

Livingstone, Margaret. *Vision and Art: The Biology of Seeing*. Nova York: Abrams, 2014.

Macintyre, Ben. *The Napoleon of Crime*: *The Life and Times of Adam Worth, Master Thief*. Nova York: Farrar Straus & Giroux, 1997.

McMullen, Roy. *Mona Lisa: The Picture and the Myth*. Nova York: Houghton Mifflin, 1975.

Merriman, John. *Ballad of the Anarchist Bandits: The Crime Spree that Gripped Belle Époque Paris*. Nova York: Bold Type Books, 2017.

Migiel, Marilyn e Schiesari, Juliana (eds.). *Refiguring Woman: Perspectives on Gender and the Italian Renaissance*. Ithaca, NY: Cornell University Press, 1991.

Miller, Arthur I. *Einstein, Picasso: Space, Time and the Beauty That Causes Havoc*. Nova York: Basic Books, 2002.

"Mona Lisa", Canadian Century, 9 de setembro, 1911: 10.

Nesbit, Molly. "The Rat's Ass." *October* 56 (1991): 6.

Nethersole, Scott. *Art and Violence in Early Renaissance Florence*. New Haven: Yale University Press, 2018.

Nicholl, Charles. *Leonardo da Vinci: Flights of the Mind*. Nova York: Viking, 2004.

Nici, John B. *Famous Works of Art: And How They Got That Way*. Lanham, MD: Rowman & Littlefield, 2017.

Olivier, Fernande. *Picasso and His Friends*. Nova York: Appleton-Century, 1965.

Pater, Walter. *Studies in the History of the Renaissance*. Nova York: Oxford University Press, 2010.

Reit, Seymour. *The Day They Stole the Mona Lisa*. Nova York: Summit Books, 1981.

Rhodes, Henry T. F. *Alphonse Bertillon, Father of Scientific Detection*. Nova York: Greenwood Press, 1968.

Richardson, John. *A Life of Picasso: The Cubist Rebel, 1907-1916*. Nova York: Knopf, 2007.

Richardson, John. *A Life of Picasso: The Triumphant Years, 1917-1932*. Nova York: Knopf, 2010.

Sassoon, Donald. *Becoming Mona Lisa: The Making of a Global Icon*. Nova York: Harcourt, 2001.

Scotti, R. A. *Vanished Smile: The Mysterious Theft of Mona Lisa*. Nova York: Knopf, 2009.

Starr, Douglass. *The Killer of Little Shepherds: A True Crime Story and the Birth of Forensic Science*. Nova York: Knopf, 2010.

Steegmuller, Francis. *Apollinaire: Poet Among the Painters*. Nova York: Farrar, Straus, 1963.

Turner, A. Richard. *Inventing Leonardo*. Nova York: Knopf, 1993.

White, Michael. *Leonardo: The First Scientist*. Nova York: St. Martin's Griffin, 2000.

O ROUBO DA *MONA LISA*

Detalhes do roubo são retirados de Esterow, *The Art Stealers*; Hoobler e Hoobler, *The Crimes of Paris*; McMullen, *Mona Lisa*; Reit, *The Day They Stole the Mona Lisa*; Scotti, *Vanished Smile*.

Era um labirinto: para a mítica história do Louvre, ver Gardner, *The Louvre*.

A FAMA ABSURDA DA *MONA LISA*

Um ano antes do roubo, uma coincidência assustadora: Scotti, *Vanished Smile: The Mysterious Theft of Mona Lisa*, 56.

SEGUNDA-FEIRA DE MANHÃ

"Essa pintura", disse ele, apontando para a *Mona Lisa:* Esterow, *The Art Stealers*, 103.

"Eles a levaram": Esterow, *The Art Stealers*, 104.

O BRIGADEIRO PAUPARDIN TEM UM DIA MUITO RUIM

Sendo fotografada, suponho: Scotti, *Vanished Smile,* 19.

Era um painel de vidro: Scotti, *Vanished Smile,* 18.

O dia está perdido: Scotti, *Vanished Smile,* 20.

"La Joconde, *c'est partie!*": Scotti, *Vanished Smile,* 21.

LOUIS LÉPINE ESTÁ À FRENTE DO CASO

Uma vez decretou: Hoobler e Hoobler, *The Crimes of Paris*, 134.

"*La Joconde* desapareceu": Scotti, *Vanished Smile,* 25.

INACREDITÁVEL

INCREDITÁVEL: Hoobler e Hoobler, *The Crimes of Paris*, 43.

A *MONA LISA* SUMIU DO LOUVRE: Nici, *Famous Works of Art*, 94.

"Que criminoso audacioso": Hoobler e Hoobler, *The Crimes of Paris*, 46.

Em um único dia, *L'Illustration*: Freundschuh, "Crime Stories in the Historical Urban Landscape", 275.

Publicou uma foto da Notre-Dame: Scotti, *Vanished Smile,* 56.

Um físico chamado Albert Einstein: a misteriosa conexão entre Einstein e Picasso está resumida em Miller, *Einstein, Picasso.*

VINCI, 15 DE ABRIL DE 1452

A fonte é: uma longa e misteriosa questão finalmente resolvida em Kemp e Pallanti, *Mona Lisa: The People and the Painting.*

FLORENÇA, 1466

Por volta da mesma época, Ser Piero: Nicholl, *Leonardo da Vinci*, 105-107.

"Venha ter suas medidas tiradas": Isaacson, *Leonardo da Vinci*, 5.

"Observar o pé do ganso", Isaacson, *Leonardo da Vinci*, 5.

"Observar o movimento", Nicholl, *Leonardo da Vinci*, 450.

"Pedir ao mestre da aritmética": Isaacson, *Leonardo da Vinci*, 5.

"Descrever o que é espirrar": Nicholl, *Leonardo da Vinci*, 7.

"Inflar os pulmões de um porco": Isaacson, *Leonardo da Vinci*, 6.

"Dissecar um morcego": Nicholl, *Leonardo da Vinci*, 431.

"Como fazem para andar no gelo": Isaacson, *Leonardo da Vinci*, 5.

"A lua é densa": Nicholl, *Leonardo da Vinci*, 6.

Quando Leonardo testa uma nova pena: Nicholl, *Leonardo da Vinci*, 7.

Ele descreve a si mesmo: Nicholl, *Leonardo da Vinci*, 54.

Descrever a língua de um pica-pau: Isaacson, *Leonardo da Vinci*, 525.

FLORENÇA, 1479

Décadas mais tarde, o grande Michelangelo: Nicholl, *Leonardo da Vinci*, 379.

Michelangelo era um babaca: para mais sobre a rivalidade entre Leonardo e Michelangelo, veja Jones, *The Lost Battles.*

ALGUMAS TEORIAS MUITO SENSATAS

"Os sentimentos estão aflorados com o caso por aqui": Scotti, *Vanished Smile,* 44.

Uma clarividente disse sobre a pintura: Scotti, *Vanished Smile,* 48.

De acordo com Pilu: Leader, *Stealing the Mona Lisa*, 171.

"Estamos lidando com um roubo de verdade": Esterow, *The Art Stealers*, 106.

"Isso vai além da imaginação": Esterow, *The Art Stealers*, 107.

Foi por volta dessa época: Esterow, *The Art Stealers*, 121.

O LOUVRE É UMA CENA DE CRIME

Mas este novo século marcou o surgimento: para mais sobre o desenvolvimento da ciência forense, veja Starr, *The Killer of Little Shepherds.*

Uma coisa estranha aconteceu: para essa maravilhosa ideia, estou em débito com Leader, *Stealing the Mona Lisa.*

"Eu te amo": Hoobler e Hoobler, *The Crimes of Paris*, 65.

E, em segundo lugar, o roubo foi planejado: Scotti, *Vanished Smile,* 60.

O HOMEM DO NOME ERRADO

Quando o pai de Bertillon registrou: Rhodes, *Alphonse Bertillon*, 28-29.

Mais ou menos uma década antes do roubo da *Mona Lisa*: todas as citações no episódio de Vernet são de Goron, *Pearson's Magazine.*

A suspeita logo se voltou: para mais sobre o sensacional caso de Dreyfus, veja Harris, *Dreyfus.*

"A prova está aqui": Hoobler e Hoobler, *The Crimes of Paris*, 167.

É PRECISO UM LADRÃO PARA PEGAR UM LADRÃO

ARSÈNE LUPIN ESTÁ VIVO?: Hoobler e Hoobler, *The Crimes of Paris*, 68.

"Eu preferia homens": Hoobler e Hoobler, *The Crimes of Paris*, 74.

Um exemplo vívido: Hoobler e Hoobler, *The Crimes of Paris*, 137-138.

O lema de Locard era: Hoobler e Hoobler, *The Crimes of Paris*, 138.

UM AVANÇO NO CASO

As impressões digitais resolveram ambos os problemas: para mais informações sobre o estranho caso de Henry Faulds, veja Beavan, *Fingerprints.* Para mais sobre as complexidades da impressão digital como método de identificação, veja Cole, *Suspect Identities.*

FLORENÇA, 1481

Ele inventa tudo: Nicholl, *Leonardo da Vinci*, 180-182.

MILÃO, 1482

Descrever a mandíbula de um crocodilo: Isaacson, *Leonardo da Vinci*, 398.

Descrever os primórdios de um ser humano: Isaacson, *Leonardo da Vinci*, 178-179.

Descrever como as nuvens são formadas: Nicholl, *Leonardo da Vinci*, 7.

"O espaço entre a boca e a base do nariz": Isaacson, *Leonardo da Vinci*, 219.

Em um caderno, escreve: Isaacson, *Leonardo da Vinci*, 126.

MILÃO, 1493

"Nem Grécia nem Roma": Isaacson, *Leonardo da Vinci*, 165.

Leonardo fica com o coração partido: Nicholl, *Leonardo da Vinci*, 291-292.

Para seu ato seguinte, Leonardo começa a trabalhar: Para um relato popular sobre *A última ceia*, veja King, *Leonardo and the Last Supper*.

É descrito como um "emaranhado de manchas": Nicholl, *Leonardo da Vinci*, 302.

Em seus cadernos, há uma frase estranha: Nicholl, *Leonardo da Vinci*, 321.

Escrita espelhada é considerada: Isaacson, *Leonardo da Vinci*, 32.

"Venda o que você não pode": Nicholl, *Leonardo da Vinci*, 322.

O LOUVRE REABRE

Até atraiu o jovem e depressivo Franz Kafka: para mais sobre o conto de Kafka, veja Belting, *The Invisible Masterpiece*.

"A *Mona Lisa* era tão bela": Scotti, *Vanished Smile*, 82.

"Não há sequer um guarda": Esterow, *The Art Stealers*, 111.

"No interesse da arte": Hoobler e Hoobler, *The Crimes of Paris*, 48.

Uma semana após o roubo, a própria *Mona Lisa*: Hoobler e Hoobler, *The Crimes of Paris*, 44.

"O mundo inteiro se sentou, horrorizado": Scotti, *Vanished Smile*, 29.

"Os olhos do mundo": "*Mona Lisa*", *Canadian Century*, 9 de setembro de 1911.

"Buscas enérgicas continuam": "Theft of a Picture", *Queensland Times*, 29 de agosto de 1911.

"Parece haver muito mistério": "Priceless Picture Stolen", *Bath Chronicle and Weekly Gazette*, 24 de agosto de 1911.

O LADRÃO ENGENHOSO

Podemos adivinhar no que Lépine estava pensando: Hoobler e Hoobler, *The Crimes of Paris*, 57.

Havia classes: Hoobler e Hoobler, *The Crimes of Paris*, 57.

Adam Worth já era uma celebridade: para a vida animada de Adam Worth, veja Macintyre, *The Napoleon of Crime*.

"Ele é o organizador de metade do que é nocivo": Macintyre, *The Napoleon of Crime*, 223.

"Tudo o que for possível fazer": Hoobler e Hoobler, *The Crimes of Paris*, 56.

FLORENÇA, 1494

Esse dinheiro é chamado de dote: para mais sobre dotes na Renascença italiana, veja Hales, *Mona Lisa*, 66-67 e 94-95.

Tantas mortes: Nethersole, *Art and Violence in Early Renaissance Florence*, 39. Para mais sobre a brutalidade da cena e como foi representada posteriormente, veja Nethersole, "Visualizing Violence: The Pazzi Conspiracy".

"Por amor à guerra": Hales, *Mona Lisa*, 66.

O AMERICANO RICO

"Devemos admitir": Scotti, *Vanished Smile*, 61.

"A crença é muito difundida": Scotti, *Vanished Smile*, 51.

"Não me ofereceram": Scotti, *Vanished Smile*, 54.

DR. NO (PARTE 1)

"Não tenha dúvidas de que eu tenha o Goya": Hirsch, *The Duke of Wellington, Kidnapped!*, 52.

"Tenha muito cuidado com isso": Hirsch, *The Duke of Wellington, Kidnapped!*, 94.

"Os guardas estavam tomando uma xícara de chá": Hirsch, *The Duke of Wellington, Kidnapped!*, 114.

"Aparecerão figuras gigantescas": Nicholl, *Leonardo da Vinci*, 2.

QUER COMPRÁ-LA?

"A Europa tem muita arte": Houpt, *Museum of the Missing*, 27.

"Preciso vê-lo sozinho": todas as citações nessa cena são de Duveen, *Art Treasures and Intrigue*, 316-317.

FLORENÇA, 1495

"Não acredito na história": Hales, *Mona Lisa*, 126.

Ela é como quase todas as outras mulheres: o artigo que é referência nesse assunto é Kelly, "Did Women Have a Renaissance?" (Ela respondeu à própria pergunta negativamente.)

Esta é uma lista (parcial): Hales, *Mona Lisa*, 88-89.

"Em Florença, as mulheres são mais cercadas": Migiel e Schiesari, *Refiguring Woman*, 65.

FLORENÇA, 1500

"A vida de Leonardo é extremamente irregular": Nicholl, *Leonardo da Vinci*, 336-337.

O frade se desculpa: Nicholl, *Leonardo da Vinci*, 336-337.

POR QUE ESTA PINTURA?

Podemos olhar além de sua fama: para dar uma lida sobre as profundezas da *Mona Lisa*, veja Kemp e Pallanti, *Mona Lisa: The People and the Painting*, 175-195; e Sassoon, *Becoming Mona Lisa*, 31-38.

Ele escreveu que as mulheres deveriam ser pintadas: Kemp, *Leonardo on Painting*, 147.

Essa é a maneira assustadora: para a ciência do fenômeno, veja Livingstone, *Vision and Art*, 71-73.

UMA ESTATUETA ROUBADA DO LOUVRE

Ladrão nos traz: Esterow, *The Art Stealers*, 123.

Foi em março de 1907: Esterow, *The Art Stealers*, 124-126.

Mas não há história mais triste: para mais sobre o infinitamente citável Apollinaire, veja Steegmuller, *Apollinaire*.

Suas sobrancelhas eram como vírgulas: para esse detalhe, agora parte essencial de qualquer descrição de Apollinaire, estou em dívida com Fernande Olivier, em *Picasso and His Friends*, 36.

"Guillaume era extraordinariamente brilhante": Scotti, *Vanished Smile*, 96-97.

Éramos como alpinistas: Richardson, *A Life of Picasso: The Cubist Rebel, 1907-1916*, 59.

DUAS ESTÁTUAS E UM REVÓLVER

"Você precisa de alguma coisa?": Steegmuller, *Apollinaire*, 190.

A outra metade ele descobriu: para mais sobre Picasso e a influência de Trocadéro, veja Cohen, *The "Black Art" Renaissance*, 55-92.

"Entendi por que sou um pintor": Richardson, *A Life of Picasso: The Cubist Rebel, 1907-1916*, 24.

Na história da arte moderna: para mais sobre a aparentemente inesgotável questão de *Les Demoiselles d'Avignon*, veja Green, *Picasso's Les Demoiselles d'Avignon*; e Richardson, *A Life of Picasso: The Cubist Rebel, 1907-1916*, 24-45.

"Se você olhar para as orelhas": Charney, *Art and Crime*, 59.

DR. NO (PARTE 2)

Dizia-se que ele rondava: Charney, *Art and Crime*, 58.

"Eles achavam que estavam sendo seguidos": Olivier, *Picasso and His Friends*, 147.

"Espero de todo o coração": Esterow, *The Art Stealers*, 131.

O INIMIGO INTERNO

"Estamos no rastro": Esterow, *The Art Stealers*, 132.

"De repente, me vi sendo encarado": Scotti, *Vanished Smile*, 105.

"Nunca o vi antes": Scotti, *Vanished Smile*, 106.

O HOMEM QUE ROUBOU A *MONA LISA*

"Tive uma impressão de morte": Esterow, *The Art Stealers*, 136.

"Guillaume Apollinaire tornou-se abruptamente famoso": Esterow, *The Art Stealers*, 122.

ROMA, 1513

"Este homem nunca fará nada": Nicholl, *Leonardo da Vinci*, 466.

Para desenhar todas as veias: Nicholl, *Leonardo da Vinci*, 422.

"O papa descobriu": Isaacson, *Leonardo da Vinci*, 461.

FRANÇA, 1516

Francisco chama Leonardo: Hales, *Mona Lisa*, 209.

Mais tarde diz: Nicholl, *Leonardo da Vinci*, 486-487.

PARIS, 1850

Diante desse retrato: Kemp e Pallanti, *Mona Lisa*, 128.

Acima de tudo, Gautier se fascina: Kemp e Pallanti, *Mona Lisa*, 128.

Mas ele também é perturbado: Sassoon, *Becoming Mona Lisa*, 111.

Gautier transforma a *Mona Lisa*: para a história completa sobre como a *Mona Lisa* se tornou misteriosa, veja Sassoon, *Becoming Mona Lisa*, 91-132.

"Cuidado, *La Gioconda* é uma pintura perigosa": Hales, *Mona Lisa*, 236.

"Por anos lutei desesperadamente": Hales, *Mona Lisa*, 235.

O crítico inglês Walter Pater: Sassoon, *Becoming Mona Lisa*, 134-135.

O escritor irlandês Oscar Wilde: Sassoon, *Becoming Mona Lisa*, 146-147.

Antes deles: Boas, "The *Mona Lisa* in the History of Taste", 215.

NÃO HÁ MOTIVOS PARA TER ESPERANÇAS

A Gangue Bonnot era um grupo de anarquistas: para mais sobre o anarquismo na virada do século na França e a Gangue Bonnot, veja Merriman, *Ballad of the Anarchist Bandits*.

A investigação oficial foi encerrada: Scotti, *Vanished Smile*, 154.

LEONARD

Geri estava prestes a jogar a carta no lixo: Esterow, *The Art Stealers*, 145.

UM CHAPÉU AMASSADO, UM BANDOLIM

Geri mais tarde fez uma lista: Esterow, *The Art Stealers*, 147.

"Aos nossos olhos atônitos": Esterow, *The Art Stealers*, 147.

UM PINTOR DE CASAS

"Não", disse o curador a quem ligava: Esterow, *The Art Stealers*, 149.

"Queria tanto que os franceses": Scotti, *Vanished Smile*, 171.

"*La Gioconda ha trovato*": Scotti, *Vanished Smile*, 164.

"Eu não seria digno da Itália": Scotti, *Vanished Smile*, 169.

"Prestei um serviço excepcional à Itália": Hoobler e Hoobler, *The Crimes of Paris*, 259.

NENHUMA PALAVRA DITA SENÃO *GIOCONDA*

"Nenhuma palavra dita senão *Gioconda*": Esterow, *The Art Stealers*, 157.

"Embora a obra-prima seja estimada": Scotti, *Vanished Smile*, 172.

"Ai, é ela, é ela": Esterow, *The Art Stealers*, 157.

UM ERRO NOBRE

"Preferiria andar": Duveen, *Art Treasures and Intrigue*, 317.

Perugia afirmou que apenas queria "aconselhamento": Esterow, *The Art Stealers*, 165.

Além disso, não queria: Esterow, *The Art Stealers*, 150.

"Não acredito na história de Perugia": Scotti, *Vanished Smile*, 166.

Enquanto isso, o diretor demitido do Louvre: Scotti, *Vanished Smile*, 166.

O MARQUÊS

Contava a história: Decker, "Why and How the *Mona Lisa* Was Stolen", 15-16, 89-92.

Ele tinha um cabelo branco de "leonino": Decker, "Why and How the *Mona Lisa* Was Stolen", 14.

Foi, segundo Valfierno, "o mais magnífico roubo na história do mundo": Decker, "Why and How the *Mona Lisa* Was Stolen", 91.

ÚLTIMAS PALAVRAS

"O pintor mais influente e produtivo": Bernard Valery, "Death Stills Picasso's Brush at 91", *New York Daily News*, 9 de abril de 1973.

"O titã da arte do século XX": "Picasso Is Dead in France at 91", *The New York Times*, 9 de abril de 1973.

"Quando o juiz me perguntou": Scotti, *Vanished Smile*, 117.

"Há alguns dias, eu estava sentado": Richardson, *A Life of Picasso: The Cubist Rebel, 1907-1916*, 205.

A SOPA

"Et cetera", escreve ele: Nicholl, *Leonardo da Vinci*, 1.

EPÍLOGO

Quando visitou a União Soviética: Hales, *Mona Lisa*, 244.

Em Nova York, um visitante olhou com admiração: Leader, *Stealing the Mona Lisa*, 5.

Impressão e Acabamento:
LIS GRÁFICA E EDITORA LTDA.